Nova Era

Novela Histórica
1906

НОВЫЙ ВѢКЪ

ИСТОРИЧЕСКАЯ ПОВѢСТЬ.

1906 г.

– Soberano nosso, paizinho,
Soberano Piotr Alekseevitch,
Quem é que irá reparar os danos?
– Filhinhos, mãezinha, filhinhos,
– Filhinhos, minha senhora, filhinhos!

Conde A. Tolstoi

"Nova Era"

J. W. Rochester

médium
Wera Krijanowskaia

5.000 Exemplares – do 1º ao 5º milheiro

Lúmen Editorial Ltda.
Rua Espírita, 64
São Paulo 01527-040 SP – Fone/Fax: (011)270-1353

Capa – **6B Estúdio**
Tradução – **Dimitry Suhogusoff**
Editoração Eletrônica – **Ricardo Baddouh**
Revisão – **Valeska Perez Sarti**
Fotolitos – **Postscript**
Impressão – **Gráfica Palas Athena**

fale com a Lúmen
e-mail **lumened@uol.com.br**

LÚMEN EDITORIAL

Um presente para os leitores

Rochester é um dos autores espirituais mais lidos no Brasil. Seu estilo forte, desenhando com palavras cada cena como se estivéssemos assistindo a um filme, além do embasamento histórico que permeia todo o enredo, são características inconfundíveis de um autor que dá vida a inúmeros personagens marcantes.

Este *Nova Era*, que agora a Lúmen Editorial traz à tona após incansáveis pesquisas, é um exemplo desta marca de Rochester. O livro, inédito no Brasil, é fruto do esforço de nossa editora em resgatar as obras do autor espiritual para que se conheça melhor não só o processo de conscientização cósmica de um espírito como a própria história da mediunidade, representada neste volume pela médium russa Wera Krijanowskaia.

Os temas de Rochester são polêmicos. Necessariamente a Lúmen Editorial não concorda com todas as opiniões do autor espiritual, mas julga ser de fundamental importância trazer à luz os textos tal qual foram concebidos, com a tradução precisa e meticulosa de Dimitry Suhogusoff, visando, sobretudo, presentear os leitores com uma obra importante, séria e de qualidade.

Os editores

I

Era vinte de dezembro de 1699. O dia estava muito frio, mas claro; o sol opaco de inverno reverberava em raios fúlgidos nos zimbórios das igrejas.

Nas ruas da primeira capital, presenciava-se uma agitação incomum: a Praça Vermelha via-se apinhada de multidão densa atraída pelo rufar dos tambores e altos clangores de trombetas, precedendo os heraldos montados a cavalo, anunciando por toda a cidade um novo decreto do czar.

Porém a agitação da multidão não era alegre; ao contrário, os rostos estavam preocupados e até assustados. Os tempos eram difíceis para a terra russa – era uma época de transformações violentas e conturbadas, que demoliam ou abalavam pelos alicerces as antigas tradições e os pilares seculares do povo russo. Por essa razão, qualquer decreto novo era acolhido com temores e receios, já que viria, por certo, alguma "novidade" terrível; mas o que se fazia promulgar excedia às expectativas mais ousadas e, para a massa popular, era totalmente obscuro.

— E agora estamos no término do ano de 1699 do Nascimento de Cristo – prorrompia em gritos sonoros o heraldo;

no próximo dia primeiro de janeiro, estaremos no ano de 1700 e, ao mesmo tempo, entraremos num século novo. E para tal causa boa e útil, decretou o Grande Soberano contar doravante os anos em decretos e em todos os atos, inclusive anotar em títulos de compra e venda, a partir do dia primeiro de janeiro do ano de 1700 do Nascimento de Cristo.

Ao ouvir o anúncio, o povo entreolhava-se perdido. Até então, o Ano Novo sempre principiava em primeiro de setembro; quando, inopinadamente, logo após os quatro meses da chegada do *Ano Novo* de 1699, deveria começar um outro *Ano Novo*... O temor e o desânimo estampavam-se no rosto de todos. O povo nada entendia e apenas um pensamento se assomava em suas mentes obscuras: o de que tal ato voluntarioso, o qual parecia violar a ordem por Deus estabelecida, inevitavelmente traria toda sorte de desgraças terríveis: terremotos, furacões, peste... ou um outro castigo celeste haveria de desabar sobre a nação.

A preocupação maior era dos mercadores que, insatisfeitos e receosos, pensavam em deixar as obrigações comerciais em dia, baseadas na tradição, agora posta em colapso e confusão por um ano de quatro meses.

Mas, apesar da estupefação, receios e até indignação que fervilhavam no coração da maioria da população, a multidão permanecia calada. Era assaz perigoso expor as opiniões, que dirá deixar escapar uma palavra imprudente que poderia ser interpretada como uma "ofensa à Sua Majestade" ou ser suspeito num "furto", cujas conseqüências seriam tortura e execução, das quais não livraria nenhum mérito ou posição social.

Após ouvir, seguida à promulgação do decreto, a ordem de comemorar o Ano Novo com festejos populares por sete dias ininterruptos, a multidão se dispersava, persignando-se e levando para casa a novidade terrível, jamais ouvida desde que o mundo era mundo.

No meio do povo, que ouvia calado mas atento o novo decreto do czar, havia dois homens parados na primeira fileira. O primeiro, de idade mediana, vestia trajes de servo; seu semblante franco e bonachão estava sobressaltado. O segundo era um monge peregrino, velho, magro e encurvado, trajando sotaina surrada mas limpa, com alforje nas costas e cajado na mão. Mal se contendo da indignação que lhe fervia na alma, ele ouvia o heraldo, cabisbaixo. Quando a multidão começou a se dispersar lentamente, o servo e o peregrino, que aparentemente se conheciam, também se puseram a caminho.

— O que você acha disso, padre Varnava? – inquiriu subitamente, a meia voz, o servo. – É um insulto à lei de Deus. Oh, isso vai acabar mal! O que será de nós, os pecadores?...

O monge levantou a cabeça e seus olhos afundados fitaram túrbidos o servo.

— Como dizem os sábios: "Bom começo termina bem"; assim, o oposto é: "mal começo termina mal". Ainda mais que com a autocrática natureza humana, o seu ato arbitrário e nefasto ousou contra os mandamentos divinos. Vivemos a época de anticristo e ela prenuncia desgraças e infortúnios. Não vê, Ilya, como o capeta, pairando em volta, vai corroendo o bem pela raiz?

— É, é verdade o que diz, padre! A nossa casa sempre foi um exemplo de integridade moral. O próprio príncipe Danila Petrovitch e sua pobre falecida, Varvara Borissovna, viviam sem nunca se descuidarem dos mandamentos de Deus; hoje, sabe-se lá o que acontece nas famílias! – Ilya agitou o braço com raiva. – Não dá nem para reconhecer o jovem príncipe Artemy Danilovitch; é como se ele viesse de um país estranho! Enfiou-se num *kaftan*(1) germânico e só quer saber dos estrangeiros; por nós, os russos, nutre desprezo, inclusive – Deus me perdoe! – pelo próprio pai.

---

(1) Uma espécie de casaco masculino antigo de abas longas. (N.T.)

Ao saírem para a rua Varvarka, subitamente eles foram alcançados por um grupo de jovens, falando alto, vestidos em trajes alemães.

— Saia do caminho, pope imundo! – gritou um deles em russo macarrônico.

Ato contínuo, ele empurrou tão forte Varnava, que o velho tropeçou e caiu, bateu no poste da rua e perdeu os sentidos.

Enquanto Ilya cuidava para levantar o velho, os desordeiros sumiram, soltando altas gargalhadas. Alguns operários que trabalhavam numa casa em construção, na proximidade, acorreram e levantaram Varnava; ao saberem que ambos iam à casa do príncipe Danila Petrovitch, eles se prontificaram a carregar a vítima até lá.

A rica casa do príncipe Danila Petrovitch ficava perto do Kremlin. Era ampla e construída metade de tijolos, metade de troncos de madeira, no estilo dos palacetes de boiardos(2) Romanov, que ainda sobejavam na Rússia. No piso inferior havia um espaçoso aposento de teto abobadado, decorado por pinturas e iluminado por estreitas janelas gradeadas. A mobília era luxuosa, ainda que de arquétipo antigo e austero. Ricos aparelhos de prata e ouro ornamentavam duas enormes cristaleiras cinzeladas; no canto da frente, uma lâmpada de prata, pendurada na corrente, alumiava o caixilho com ícones antigos em ricas guarnições, salpicadas de gemas preciosas.

À mesa, sobre a qual havia um jarro e duas taças, estavam sentados dois homens. Um deles, bem apessoado, de cerca de cinqüenta anos, vestia por cima um *kaftan* verde de brocado, empelicado em zibelina, calças largas cor de cereja e botas amarelas. Era o anfitrião em pessoa. Seu rosto solene respi-

---

(2) Título nobiliárquico superior (no início concedido e, mais tarde, hereditário) da aristocracia russa ou de grandes senhores feudais até a época de Pedro, o Grande. (N.T.)

rava força sobranceira, enquanto os grandes olhos cinza, sob as sobrancelhas felpudas quase unidas no intercílio, não haviam perdido o frescor da juventude, ainda que naquele momento seu cenho estivesse contraído em amargura.

Diante dele, sentava-se um belo jovem de uns vinte e cinco anos, de basto cabelame encaracolado e barba castanho-clara. Tal qual um boiardo, ele vestia um traje tradicional russo, que lhe caía bem. Descansando os cotovelos sobre a mesa, estava absorto em pensamentos profundos; seu cenho era carregado.

As taças cheias até a borda permaneciam intocadas e apontavam estarem eles ocupados em devaneios.

Danila Petrovitch era um dos boiardos "contrários" às inovações do czar Pedro(3). Amando fervorosamente a pátria, ele acompanhava com angústia o desmoronamento da antiga nação, enquanto a invasão crescente dos estrangeiros, com suas tradições estranhas, despertava na alma do príncipe descontentamentos e receios quanto ao futuro. Com vasta bagagem de conhecimentos para a sua época, tendo estado em muitos países estrangeiros e sendo conhecedor do modo de vida ocidental, Danila Petrovitch compreendia a necessidade das transformações na Rússia e acolhera bem as iniciativas do czar, o Pacifíssimo(4); mas, ao mesmo tempo, ele venerava piamente os fortes pilares enraizados e há muito tempo alicerçados na vida russa, correndo pelo leito fundo, aberto através dos séculos; por isso, o desarraigamento atual, eivado de grande desrespeito ao povo, só porque o antigo era "ultrapassado" e o "novo" freqüentemente não dava certo, assustava-o e insultava-o profundamente. Ele compreendia a insensatez de defender suas

(3) Pedro I, o Grande. (N.T.)

(4) Provavelmente um epíteto dado na época ao czar Aleksei Mikhailovitch, pai de Pedro I, o Grande. (N.T.)

convicções devido à inexistência de união entre as classes; sua teimosia em lutar sozinho era inútil[(5)], o que não o impedia de resmungar contra a Corte e tentar ficar o mais afastado possível dela.

O jovem visitante, Gleb Mikhailovitch Poltev, era seu afilhado e noivo de sua filha Elena. Gleb compartilhava das opiniões do futuro sogro; ele passou em sua casa para despejar sua indignação quanto ao decreto, lido durante o dia inteiro em todas as praças, e de cujo teor soube já na véspera por uma fonte fidedigna, Larion Dokukin – escrivão da Ordem de Puchkar[(6)].

Danila Petrovitch ouviu-o calado, alisando nervosamente a barba felpuda e prateada, apenas soltando uma risada de vez em quando. Gleb calou-se e iniciou-se um longo silêncio penoso – justamente quando nós os encontramos.

— E então, Gleb Mikhailovitch, ainda o preocupa o decreto? – perguntou em tom de troça o boiardo. – Não vale a pena preocupar-se com isso. Com tantos "prodígios" acontecendo na Rússia, a extorsão de oito meses do ano não é nada. Só para variar, teremos um ano de quatro meses, e é só!

O jovem estremeceu e empertigou-se.

— É verdade, padrinho! Já faz algum tempo que nada nos surpreende. Dokukin disse-me ontem que um novo decreto será publicado em breve. Os boiardos, os okólnitchi[(7)], os dúmnye[(8)] e os familiares, os stólniki[(9)], os striaptchi[(10)], os

---

(5) G. V. Essipov – "O Divisionismo no século XVIII". (Nota do Autor)

(6) Órgão governamental da Rússia nos séculos XVI-XVII, responsável por assuntos de artilharia. (N.T.)

(7) Um dos altos títulos de boiardo na Rússia, antes de Pedro I. (N.T.)

(8) Membros do Conselho dos Boiardos; de *Duma* – espécie de parlamento na antiga Rússia. (N.T.)

(9) Cortesãos abaixo de boiardos. (N.T.)

(10) Funcionários responsáveis por certas atividades econômicas na Corte. (N.T.)

boiardos moscovitas e os escrivães, os habitantes e todos os funcionários altos e miúdos, os mercadores e os criados dos boiardos em Moscou e demais cidades – devem, obrigatoriamente, usar indumentária húngara com *kaftan* alemão por cima, tão longo que possa ser cingido na cintura. Enfim, todos, menos o clero, os cocheiros e os camponeses; o czar sabe que, se o povo for envolvido, haverá rebelião.

— Engraçado! O czar odeia os nossos trajes; o povo ficará esquivo e vigilante com os estrangeiros, no entanto ele sonha nos aproximar deles, querendo enfiá-los em nosso cotidiano. Nem mesmo ele fica à vontade em seu *kaftan* alemão e tricórnio, galeando entre nós, em trajes de boiardo. Não, ele não é *nosso*! Não é um czar russo em espírito; é um estrangeiro governando a Rússia. Lembra quando ele voltou do estrangeiro no verão? De manhã, os dignitários, os cortesãos, pessoas nobres e simples, vieram devidamente ao Palácio da Transfiguração para render as homenagens ao soberano. Naquele dia, graças a Deus, eu estava fora; os amigos me disseram que o czar recebeu todos meigamente, osculou e lembrou de sua amizade com o rei Augusto(11); entretanto, para grande espanto dos presentes, ficou sugerindo que cada um cortasse a sua barba. Chegou a cortar, na mesma ocasião, a de Chein, a do príncipe Romadanovky e de outros, sem falar a dos boiardos Strechnev, Tikhon e Nikititch. Cinco dias depois, ao invés de comparecer à solenidade no Kremlin para tradicionalmente tomar a bênção do patriarca e saudar o povo pela passagem ao Ano Novo, o czar aprontou novamente outra brincadeira no banquete de Chein. Estavam presentes boiardos e cortesãos, inclusive alguns marinheiros: com barba e sem. O czar, amabilíssimo, conversa e, como nos tempos idos, vai distribuindo pessoalmente maçãs para os convidados; nesse meio tempo, o bobo da corte,

---

(11) Provavelmente Augusto II, rei da Polônia. (N.T.)

com a tesoura nas mãos, sai agarrando alguém pela barba e começa a cortá-la, provocando um delírio geral. Três dias depois, na casa dos Lefort, todos estavam imberbes; era engraçado vê-los em *kaftans* russos, sem pôr nem tirar, e pareciam alemães de barba escanhoada.

— Sim, de fato, hoje está pior que quando estávamos sob o jugo dos tártaros. Ainda que eles fossem heréticos, pelo menos, pagos os tributos, cada um fazia o que quisesse em casa. O *khan*(12) não se intrometia no que nós vestíamos, tampouco mandava decapitar os barbudos. Bem, não estou aqui por causa dessa vergonha que se abateu sobre a pátria; tenho um problema pessoal que me preocupa. É sobre Elena Danilovna. Faz tempo que queria falar-lhe, mas fiquei adiando.

— Ela o desapontou em algo? – perguntou o príncipe, cerrando o cenho.

Gleb suspirou.

— Não é bem isso. Você bem sabe como amo sua filha; meu coração dilacera-se e entristece ao vê-la tão diferente comigo. Ela tornou-se fria e esquisita; por vezes me evita, zomba de tudo que é russo, vive insistindo que eu vista aquela indumentária de palhaço da escória estrangeira, que nos está assediando.

— Ah é?! Vou cuidar para que ela tome juízo – explodiu o príncipe.

— Não, deixe, padrinho! Se o meu amor não basta para que tome juízo por si só, de nada adiantará seu rigor. Tenho certeza de que todas essas idéias e esquisitices não partem dela, mas foram incutidas pela tia, Anna Petrovna, e por Artemy, que se abraçou dos pés à cabeça a todo esse modismo.

— É verdade! Eis a raiz das desgraças e do mal – queixou-se, contrariado, o príncipe. Não vou mais à casa da minha

(12) Título do governador feudal dos povos turcos e mongóis (inicialmente o chefe da tribo). (N.T.)

irmã desde que ela disse abertamente desprezar tudo que é *nosso*. Ouvi dizer que ela está mobiliando sua casa à nova moda; contratou um cortesão alemão e um administrador, que se acha grande; são dois patifes que a roubam descaradamente.

— É isso mesmo. O meu primo Dmitry disse-me que nas reuniões de Anna Petrovna – e Gleb desfechou uma gargalhada –, além de todos aqueles condes, barões e marqueses estrangeiros, encontrou o seu barbeiro, Lombar, e o alfaiate – um alemão. Anna Petrovna convida-os todos; os barbeiros e os sapateiros intrusos tornaram-se parelhos de boiardos e cortesãos.

— Sim, sim... parelhos... enquanto não nos dominarem, tornando-se nossos amos – resmungou Danila Petrovitch. – E os meus filhos? – prosseguiu ele, agarrando a cabeça com as mãos. Eles renegaram e traíram tudo que amo e venero. Artemy para mim está acabado; ele ainda não ousa desafiar-me abertamente, embora evite que eu veja sua barba escanhoada, o *kaftan* alemão e os seus amigos estrangeiros...

Gleb Mikhailovitch fitou com empatia o príncipe, aparentemente hesitando em dizer alguma coisa, mas em seguida prosseguiu decidido:

— Já que, padrinho, você mesmo tocou no assunto, considero de meu dever avisá-lo de que Artemy leva uma vida muito dissipada. Ele é visitante contumaz de uma vila alemã com todas suas indecências. De algum tempo para cá, um alemão ou holandês, um tal de barão Dorfgame, dele não se separa e eu acho até que o está delapidando. Ouvi também que Artemy, pelo visto, não sai da casa de um alemão que tem uma filha bonitinha; o pai dela já chama o seu filho de genro.

O rosto de Danila Petrovitch enrubesceu e sua voz tremeu de fúria contida.

— Posso jurar que isso jamais acontecerá. Quanto a toda aquela orgia, não há nada de surpreendente, pois a comunidade alemã é um arcabouço de tentações para os russos fracos, atraídos pela libertinagem. E quem estimula tudo isso, senão o próprio czar? Ele tem vergonha de andar pela Moscou, conquanto no meio dos *seus* se sinta tão à vontade como numa tasca alemã. O que há de melhor: ele voltou da viagem, não passou no Kremlin para reverenciar o santuário e foi direto à vila da queridinha Anna Monsova; depois ficou bebendo e comendo, uma parte da noite, na casa de Lefort(13) e o tempo restante passou na caserna, ao invés de voltar ao palácio. Não é indecoroso tal comportamento para um czar ortodoxo? Que marido e pai ele é, se, no ano passado, encerrou a czarina no monastério de Suzdal; pouco também lhe importa o filho: deu-o à sua tia Natália Alekseevna. Deus queira que czarevitch(14), a bem da nossa terra, logo fique adulto...

O príncipe calou-se ao ver entrar seu velho falcoeiro Ilya que, após curvar-se em profunda reverência, postou-se respeitosamente junto à porta.

— E então, Ilya? Fez o que mandei? Por que está com essa cara; aconteceu algo? – perguntou Danila Petrovitch.

Pálido e acabrunhado, Ilya aproximou-se e, fazendo um relato resumido da tarefa realizada, contou sobre o inaudito decreto que ouvira na praça e narrou também a violenta ofensa de que fora vítima o padre Varnava.

— Ousei trazer o velho para cá. Ele já se recuperou e suplica por sua benevolência de ser recebido.

— Sim, vá buscá-lo! Quanto ao que você ouviu na Praça Vermelha, não se preocupe, Ilya! Os dias e os anos correm na ordem estabelecida por Deus; as invencionices humanas nada alterarão – confortou-o o príncipe, batendo no ombro do fiel servo.

---

(13) François Lefort, político russo (Genebra 1655 – Moscou 1699), oriundo de uma família escocesa estabelecida na Suíça, instalou-se na Rússia em 1675, ali organizando um exército nos moldes europeus; dirigiu a expedição de Azov (1695-1696) e atingiu o posto de almirante, depois o de vice-rei de Novgorod. (N.T.)

(14) Filho de czar, príncipe. (N.T.)

Este beijou gratificado a mão do amo e seguiu Gleb, que se prontificou ajudar a trazer o peregrino.

Pouco depois entrava Varnava, pálido, sustentado pelo falcoeiro e pelo jovem boiardo; o velho estava cambaleante e mal arrastava as pernas. Ele foi acomodado na cadeira e Danila Petrovitch deu-lhe uma taça de vinho para se revigorar.

— Já sei, pobre Varnava, que você foi violentamente maltratado. Fique aqui conosco e descanse até se recuperar totalmente. Faz tempo que eu não o vejo. De onde está vindo?

— Do mosteiro imaculado da Santíssima Trindade de Sérgio. O reverendo monge Nikodim mandou-lhe uma carta e mandou transmitir a você e todos os seus as bênçãos e saudações. No caminho para cá, a turba humana me atrasou, quando era lido o decreto profano. Encontrei seu Ilya e vínhamos para cá, quando de repente – Deus assim o quis! – fui atacado por uma gangue alemã, que me afrontou e machucou. Ó, Deus misericordioso! A que tempos chegamos, quando forasteiros ousam injuriar um velho indefeso, servo de Deus!

— Sim, que tempos chegaram! Mas não se surpreenda, padre, com o que aconteceu! O próprio patriarca sofreu injúrias ainda maiores – disse Gleb e, em sua voz, sentiu-se uma indignação mal contida.

O anacoreta empertigou-se, visivelmente surpreso.

— Como? Ousaram injuriar o patriarca? Ó, Senhor misericordioso! O que aconteceu com o santo homem?

— Foi o que me disseram as testemunhas muito fidedignas: o voievoda[(15)] Kolomensky, o stólnik Klementy Tchulkov e a pessoa que toma conta da cela do patriarca. Aconteceu isso antes da sentença proferida pela Ordem dos *Streltsi*[(16)]: alguns foram condenados à pena capital, outros expurgados a

(15) Chefe militar de província na Rússia, nos séculos XVI-XVIII. (N.T.)

(16) Instituição na antiga Rússia que cuidava dos assuntos de infantaria. (N.T.)

longínquas cidades da Sibéria; única culpa de muitos era não aceitarem os modismos do czar, ou não se curvarem diante dos estrangeiros. Entre eles havia um parente do *voievoda*. E então a sua esposa, junto com os familiares, recorreu ao patriarca para interceder pelos infelizes.

— Vocês sabem perfeitamente que nada posso fazer – disse o homem santo –, assim meu pedido não irá ajudar.

— Entretanto, as súplicas e as lágrimas dos parentes sensibilizaram o patriarca; ele ergueu o ícone da Nossa Senhora e foi ao palácio. O czar não só não quis ouvi-lo, como simplesmente o enxotou furioso do palácio para a rua. O homem santo, lívido, voltou ao mosteiro, trancou-se na cela e chorou amargamente, como me contou o criado de cela.

Danila Petrovitch e o monge ouviam estupefatos; a indignação de Varnava aumentava cada vez mais, seu corpo magro tremia febricitante, os olhos afundados ardiam. Subitamente, ele endireitou-se:

— Cego, incapaz de compreender que, ousando expulsar a Mãe de Deus do teto seu, atrai as desgraças e as maldições divinas para si, sua casa e para toda a terra russa. Não foi por acaso que Grigory Talitsky em seus sábios escritos, "Os Portões", prova, computando os anos, que ele, sendo o oitavo czar, é o próprio anticristo e que o fim dos tempos chegou. Entre o povo também se fala – e a voz do povo é a voz de Deus – que em Moscou já não existe um soberano; o que existe – que czar é esse? Não eram assim os nossos czares. Um czar russo identifica-se com o seu povo, ou seja: ele deve ser um guardião da Ortodoxia e proteger-nos contra outras crenças diferentes, enquanto esse não é o nosso soberano, senão um filho de Lefort. Vê como ele quer levar os cristãos ortodoxos a professarem outros credos; ordena fumar o tabaco e vestir trajes alemães; os nossos antepassados, os avôs e os pais, jamais mandaram fazer *kaftans*[17] dessa natureza. Novamente o czar publica um decreto nefasto e herético – tirar a barba. Segundo as escrituras, cortar ou aparar a barba é proibido tanto aos popes[18] como à gente do povo. O uso de barba não é uma coisa à toa: a barba é um símbolo das tradições, que diferencia de outros povos. Assim eu, um monge de origem ordinária, venho a Moscou desmerecer o czar por confiar em alemães, destruir as tradições antigas e a fé ortodoxa...

— Oh, irmão Varnava, você responderá por palavras injuriosas contra a honra monárquica. Como você, um humilde servidor de Deus, pode medir forças com o czar Pedro? – contestou Danila Petrovitch, empalidecido, que o ouvia com o cenho carregado.

— Assim seja a vontade de Deus! Estou disposto a morrer pela pátria. Aceitarei o martírio com alegria...

Ele se calou, mas passados uns instantes levantou-se e, com força inesperada, estendeu as mãos para a frente e deu alguns passos como que mecânicos. Seu rosto afogueado cobriu-se de palor cadavérico, os olhos esbugalhados fitaram algo que era invisível aos presentes, constrangidos. E Varnava começou a falar em voz entrecortada, surda e alterada:

— Oh, cai o pano... e os tempos vindouros a mim se descortinam... vejo como as sementes do mal, que *ele* planta, estão germinando, lançando raízes profundas que vão se infiltrando feito veneno no corpo da Santa Rússia... Vejo os estrangeiros assediando o coração da nossa terra, sugando-o, esmagando e mutilando-o para que feneça... vejo também os dias de glória. As trombetas anunciam os hinos vitoriosos e o corpo da Rússia se avoluma e cresce agigantando-se. A semente do mal também floresce e asfixia o país; por todo o lugar,

---

(17) G. V. Essipov – "Varlaam Levin". (Nota do Autor)

(18) Padre ortodoxo russo. (N.T.)

por entre as dobras dos estandartes vitoriosos, vêem-se as caras sarcásticas dos estrangeiros, devorando com zombaria os frutos da vitória... Então chegarão os tempos, quando o próprio Satanás sairá do sorvedouro do mal, revelando-se à luz do dia, e as forças diabólicas agirão. Carros sem cavalos voarão; o cavalo ígneo do Apocalipse desembestará por todo o mundo, silvando, chispando, vomitando fogo e fumaça; monstros salpicarão o ar feito insetos. O Satanás professa em voz alta homicídios, amotinações e saques; os homens atendem às suas prédicas abomináveis e o seguem, abandonando os templos de Deus. E isso haverá de acontecer; chegará o tempo quando a semente maligna, semeada profusamente, amadurecerá e iniciar-se-á a colheita sanguinária... Aqui, nesta mesma capital, o sangue jorrará em rios, haverá combates nas ruas, irmão se levantará contra irmão, e as casas queimadas ficarão como esqueletos calcinados; os incêndios, os homicídios e a fome inundarão o país como um dilúvio. E os homens se perguntarão se não chegaram os últimos dias, já que verão as igrejas depredadas, os sacerdotes espancados, os ícones santos profanados, a bandeira nacional pisoteada na lama, e sua glória embaciada pelas derrotas. As mãos sórdidas e sacrílegas ousaram até atentar contra a coroa de monarcas, para eliminá-los...

A voz do anacoreta subitamente se interrompeu, os olhos cerraram, ele cambaleou e teria caído, não fosse acudido pelos dois boiardos e Ilya, que ouviam perplexos seus vaticínios.

Varnava estava inconsciente e parecia morto. Após tentativas inúteis de reanimá-lo, os servos chamados ergueram-no e o levaram para um cômodo reservado. Gleb foi ver como o velho foi acomodado; o príncipe, ao ficar só, deixou-se cair na poltrona e cobriu o rosto com as mãos.

— O Espírito Divino pronunciou-se através do velho; até sua voz estava alterada. Ó, minha pobre pátria! Que desgraças recairão sobre você! Agradeço, meu Deus, que não verei todas essas infâmias...

II

Naquela parte da casa saindo para o jardim, encontravam-se os aposentos de Elena, filha única do príncipe, e que se constituíam de dois quartos: um era o de repouso; o outro, menor, era uma sala de visitas ou de trabalhos manuais, uma vez que ali ficavam os bastidores e os cestos com meadas de seda e novelos de fios prateados e dourados.

Enquanto a sala do andar inferior era palco daquela cena enternecedora e o velho monge fazia suas previsões tétricas, nos aposentos da princesa encontravam-se três pessoas.

Uma era a própria anfitriã, jovem encantadora de uns dezessete anos, esbelta e flexível, tez maravilhosa e grandes olhos castanhos; os bastos cabelos louros, em tranças, caíam abaixo dos joelhos.

Com expressão constrangida, ela permanecia diante de uma cadeira onde estava deitado um traje alemão: uma saia rosa de cetim, com bordado de grinaldas e buquês de rosas, e corpete decotado de mangas curtas, orlado por renda. Seu semblante ansioso, refletindo um misto de curiosidade e hesitação, fez rirem um jovem e uma senhora de idade mediana, que estavam sentados junto à janela, observando-a. Elena corou feito pimentão vermelho e voltou-se para eles.

— Por que está rindo, Artemy, e você, tia Ánya?[19] – perguntou ela contrariada, aproximando a cadeira para se sentar ao lado deles.

Sua tia era uma mulher obesa, com mais de quarenta e cinco anos. O traje estrangeiro não lhe caía bem: o corpete justo fazia avançar demasiadamente o seu vasto busto, o enorme chapéu com penas e os sapatos apertados de salto alto não serviam para seu talhe volumoso; mas ela parecia não notar sua falta de gosto e o rosto cheio e bem nutrido respirava autoconfiança e satisfação.

— Rimos de seu jeito engraçado. Você ficou olhando para o presente da tia tal qual um faminto querendo comer um bolo, com medo de tocá-lo – disse Artemy, continuando a rir.

— Para você, rir é fácil. Você se veste como quer, freqüenta o palácio do czar, vai à casa dos fidalgos estrangeiros, enquanto o meu pai me proíbe vestir uma roupa tão maravilhosa – queixou-se Elena.

Anna Petrovna beliscou carinhosamente a bochecha da sobrinha.

— Não se desespere, minha pombinha, desta vez você não vai ficar trancafiada e participará das festas. Sou eu que estou falando. Para marcar a chegada do ano e do século novos, teremos sete dias de festejos nacionais. O czar e outras personalidades estão preparando banquetes e serões, e em primeiro de janeiro o povo homenageará o soberano, fogos serão queimados, canhões darão tiros e músicas serão tocadas pelas ruas. Tudo será muito divertido e eu não aceitarei que você fique fora desses festejos. Amanhã, Lénotchka[20], você vem

(19) Diminutivo de Anna. (N.T.)

(20) Diminutivo de Elena. (N.T.)

passar um dia comigo e eu lhe darei mais dois vestidos como esse, que a minha Francina costurou: um branco com detalhes em prata, outro – azul, que você terá de experimentar; ela a penteará e ensinará a dançar o minueto, que dança tão maravilhosamente. Depois de amanhã, virão alguns amigos meus e eu quero apresentá-la a eles. Você vai se divertir a valer. Que eu saiba é a primeira vez que você participará de serões e banquetes de verdade...

— Um desses que há alguns dias deram na casa de Kannegisser, não é verdade? – interferiu Artemy.

— Oh, como foi maravilhoso! – exclamou Anna Petrovna. – Imagine, Lénotchka, o próprio Soberano esteve no casamento da filha do comerciante Kannegisser! Devo acrescentar que é uma família muito culta, freqüentada pelo czar; ele mesmo se convidou para ser uma espécie de mestre de cerimônia, ou padrinho, como nós chamamos; recepcionou os convidados e os serviu[21]. E como foi amável e atencioso! Divertimo-nos tanto!...

— Oh, que vontade que tenho de ir para uma festa assim! – suspirou Elena, corando e entusiasmando-se.

— Irá, não se preocupe! Para nós, as mulheres, a clausura acabou e chegou a liberdade. Você já não precisa ter medo de mostrar sua beleza, ou vergonha em corresponder aos admiradores.

— Acabou a barbárie dos tempos do Domostroi[22] para sempre – interpôs Artemy.

— Deus seja louvado! – fez Anna Petrovna. – Quanto a seus admiradores e conquistas, depois eu falo; vá experimentar o seu novo vestido! Quero ver como você fica nele.

---

(21) Korb. (Nota do Autor)

(22) Código escrito russo (século XVI) de normas e prescrições diárias, em que se exigia a obediência incondicional ao chefe da família; mais tarde, esse código se tornou um sinônimo do sistema retrógrado e conservador de vida familiar e econômica em geral. (N.T.)

Alegre, olhos brilhantes, Elena beijou a mão macia da tia e, pegando a saia e o corpete, desapareceu no quarto anexo e trancou a porta.

— Lénotchka é simplesmente encantadora. Ó, Deus, como eu queria evitar que essa pobre menina se case com aquele grosseiro e retrógrado Gleb. Tenho para ela um partido brilhante – sustentou Anna Petrovna.

Artemy sorriu maliciosamente.

— Você está pensando em casá-la com o barão de Dorfgame, não é?

— Como? Você já sabe disso? Ele deve ter-lhe confessado estar louco por ela?

— Com os diabos! Não é difícil adivinhar. Ele só fala de Elena, ainda que a tivesse visto só duas vezes.

— Verdade. Ele esteve ontem na minha casa e pediu-me de joelhos para ajudar a conquistá-la; eu, é claro, prometi fazê-lo, porque não há nada melhor para Lénotchka do que este nobre e amável cavalheiro, um verdadeiro fidalgo. Apenas uma coisa vai dar trabalho: Danila. Ele é tão bobo e teimoso...

— Estou totalmente de acordo. Lena[(23)] será baronesa de Dorfgame; seu pai... fii!

E um sorriso mordaz de escárnio contraiu seu rosto.

— Ele que experimente dizer "não", o czar vai mandar dizer "sim"! E se ousar contrariar a vontade soberana, ele o fará tomar juízo. Hoje em dia não se conversa muito com esse tipo de velhos tolos como ele, de mente estreita e obtusa, que se insurgem contra a liberdade e o progresso do nosso país bárbaro. Não basta convencer o pai, é preciso afastar Gleb Mikhailovitch. Já tomei certas providências para isso...

Neste instante a porta do quarto anexo se abriu com a entrada de Elena, vestida em sua nova saia, que lhe ia incri-

---

(23) Diminutivo de Elena. (N.T.)

velmente bem, delineando o talhe esbelto e esguio, acentuando a beleza do torso e dos braços alvos. Em seu rosto impressionável novamente se lia a luta interna que antes a deixara embaraçada.

Atrás dela, seguia uma mulher de meia idade, de rosto franco e bonachão, olhando para a princesa com misto de tristeza e medo.

— Meu Deus!... Não me diga que você vai aparecer nesse vestido, Elena Danilovna? – surpreendeu-se ela, erguendo os braços. – Oh, Santa Mãe! Se a velha princesa a visse nessa nudez, teria morrido de vergonha. No mínimo ela está se revolvendo em seu túmulo – ajuntou ela, enxugando as lágrimas.

— Fora daqui, velha idiota! Como ousa constranger a princesa com suas tolas reprimendas? Ela faz o que fazem todas as mulheres e moças; estivesse a nossa mãe viva, ela não se oporia aos novos costumes. Saia, insana, e não se intrometa onde não é chamada!

Quando a velha babá se retirou, o irmão e a tia acalmaram rapidamente, com os elogios, a jovem perturbada.

Além disso, as alusões enigmáticas de Anna Petrovna sobre a louca paixão alimentada por um jovem e belo fidalgo, verdadeiro príncipe de conto de fadas, intrigaram tanto Elena, que ela não via a hora de participar de um dos serões da tia, desde que o pai deixasse.

— Vou falar com Danila para pedir a autorização. Quero vê-lo proibir minha sobrinha a ir em casa – anunciou em tom de desafio Anna Petrovna, despedindo-se de Elena e levando junto Artemy.

Após verificar como o velho fora acomodado, Gleb retornou para a sala, onde Danila Petrovitch, de cenho soturno, andava de um canto a outro.

— Bem, como está o velho? – perguntou ao afilhado.

— Recuperou-se, mas está muito fraco.

— Sinto pena dele, está se acabando por nada.

— De fato. O que esse coitado pode contra o czar, se nem o patriarca consegue?

— Bem, é diferente. Afinal, que patriarca é esse? Ele é muito manso. Sobrevive da côdea de pão, resguarda sua mantilha e *klobuk*[(24)], por isso não denuncia o czar. Por mais colérico que fosse Ivan Vassilyevitch[(25)], quando o metropolita Filippe o encontrou na Catedral de Assunção, na hora em que o czar foi até o homem santo em seus trajes de palhaço, o metropolita disse: "Não reconheço o czar nesses trajes, não reconheço também sua governança". O reverendo conhecia bem o seu ofício santo: "Onde está a fé, se me calo?"

Nesse ínterim, a porta escancarou-se e na sala rolou, em passadas miúdas sobre os saltos altos, Anna Petrovna, com sorriso deleitável no rosto. Ao notar a presença de Gleb, ela franziu o cenho levemente e pensou contrafeita:

"Que azar topar com esse idiota. Vou ter de convidá-lo para o serão também. Terei de arrumar um encontro com o barão amanhã mesmo."

— Boa tarde, irmão! Boa tarde, Gleb Mikhailovitch!

O príncipe a mediu de cima para baixo e soltou uma gargalhada.

— Ah, é você, Anna Petrovna! Não a tinha reconhecido. Meteu-se nesse chapéu medonho e nesses sapatos ridículos. Você não tem vergonha, velha idiota, de representar uma palhaça aos quarenta e cinco anos de idade e jogar dinheiro fora com essa porcaria? A mulher ensandeceu de vez! Sacudindo os ombros e dirigindo-se a Gleb, ele completou: – Até os cachorros de coleira se assustarão com ela!

---

(24) Véu que cobre a cabeça dos monges ortodoxos. (N.T.)
(25) Ivan, o Terrível (1530-1584). (N.T.)

Apesar do ruge e pó-de-arroz que cobriam profusamente as faces de Anna Petrovna, seu rubor ficou visível. Tremendo de raiva e sacudindo o leque, ela se voltou para o irmão.

— Mal-educado, ignorante! Imagina-se um nobre fidalgo, enquanto trata uma dama como um mujique rude – vociferou ela rispidamente. – Não viria vê-lo e nem teria passado aqui, se o assunto não dissesse respeito à pobrezinha de Elena, tiranizada e impedida de ter companhias decentes. Simplesmente não posso suportar isso. Depois de amanhã, reunir-se-ão em casa alguns amigos meus e eu quero que Elena também vá. Espero que você não seja cruel e não a proíba de ir à casa da tia!

— Sem dúvida, prefiro passar por cruel, mas poupar a minha pobre filha da honra de curvar as costas diante de algum barbeiro ou costureiro estrangeiro, e de ter de andar no frio com braços desnudados. Isso seria terrível! – chacoteou o boiardo, em tom sério.

Anna Petrovna ergueu os braços para cima.

— Que teimosia cega e inaudita! Convido-o também, Gleb Mikhailovitch, lá em casa depois de amanhã; verá com seus próprios olhos o quanto são deturpadas e injuriosas todas essas conversas tolas.

— Agradeço, Anna Petrovna! – disse Gleb calmamente, fazendo uma mesura. – Se a minha noiva for, também irei sem falta.

— Venha, venha, Elena estará lá! Entenda, caro irmão: seus filhos devem freqüentar a sociedade. O fato de você expor abertamente o seu descontentamento, afastar-se da Corte e repudiar todos os costumes estrangeiros hoje é muito perigoso.

— Estou velho para submeter-me a todos esses modismos. Graças a Deus, meu Artemy europeizou-se pelos dois e anda feito um palhaço em seu *kaftan* derrabado, de cara escanhoada, feito um eunuco. Você, minha queridinha, desencaminhou-o tanto, que ele se esqueceu de que é russo.

— Ele não se esqueceu de nada, apenas compreende e dá valor ao progresso, aprecia a elegância e boas maneiras; você tanto se embruteceu e ficou ultrapassado, que ele tem medo de contar-lhe tudo. Aposto que o pobrezinho não lhe disse estar apaixonado perdidamente pela filha de um estrangeiro, uma moça belíssima, com quem poderia casar porque isso é aceito...

Ela calou-se ao ver Danila Petrovitch empalidecido; subitamente, ele desfechou um soco na mesa, fazendo derrubar no chão o jarro com as taças.

— Mas eu não aceito – berrou ele, fora de si. – Jamais Artemy casará com essa aventureira que sempre o desprezará e o considerará quase um *smierd*[(26)]. Ele é russo e casará com uma russa; caso contrário, deserdá-lo-ei e sua parte será distribuída nos monastérios. Entendeu? E pare de arrumar-lhe esses casamentos! Sua casamenteira!

— Idiota! Você vai acabar levando-nos à desgraça. Eu sei que o czar está furioso com você – devolveu Anna Petrovna, enraivecida.

Ela se virou furiosa, intentando sair rapidamente, mas o giro brusco do corpo sobre os saltos altos não deu certo; perdeu o equilíbrio e teria caído, se não fosse segura, neste ínterim, por Gleb.

— Acalme-se, Anna Petrovna, e não irrite o seu irmão com esse casamento de Artemy – tentou convencer Gleb.

— Por seus desatinos, vocês acabarão caindo em *opala*[(27)] – revidou Anna Petrovna, furiosa.

Ela se desvencilhou da mão de Gleb e foi flutuando em direção à porta, lançando-lhes em despedida um olhar soberbo, cheio de desprezo. Desta vez ela pisava com cuidado.

---

(26) Na Rússia escravagista, um servo da gleba. (N.T.)

(27) Na Rússia, antes de Pedro I, o Grande, a ira, a implacabilidade do czar em relação aos boiardos e fidalgos faltosos, assim como a punição por essas faltas. (N.T.)

III

A casa de Anna Petrovna ficava do outro lado da cidade. Tal qual a casa do irmão, foi construída metade em tijolos, metade em madeira – num antigo estilo russo. Por fora a construção preservava o seu aspecto original, mas por dentro era visível o esforço de se modernizar os ambientes e esse empenho destacava-se sobretudo na mobília da sala de visitas, em estilo europeu.

Assim, a parede no centro foi derrubada para que os dois quartos dessem lugar para um salão espaçoso; da mesma forma era a sala de jantar. A mobília tinha um aspecto moderno, motivo da imensa satisfação da dona, porém, era o seu *boudoir*, de tamanho médio, ao lado do salão de baile.

A casa não pôde ser totalmente reconstruída. Os tetos abobadados baixos eram decorados com pinturas artísticas; em fundas depressões ficavam janelas estreitas com gradeado; mas, da abóbada, pendia um lustre com velas de cera e óleo, e as paredes eram revestidas com tecido de seda, bordado com rosas, alternando-se com laços de fita azuis. Os móveis brancos com detalhes dourados eram revestidos do mesmo tecido, as janelas e as portas eram decoradas com cortinas e reposteiros, sustentados por cupidos de bronze no estilo de Luis XV. Um gosto artístico evoluído teria se chocado com tanta mistura de elementos contrastantes e disformes, mas Anna Petrovna não se dava conta daquilo e estava deslumbrada com a decoração que acabara de ser feita.

No dia da recepção da qual falávamos acima, um pouco antes do início da chegada das visitas, a anfitriã e Artemy saíram ao salão e acomodaram-se nas largas poltronas almofadadas. A tia acabara de mostrar a decoração ao sobrinho e estava cansada.

Ela portava um traje vistoso, desnudando-lhe o torso e os braços repletos de jóias.

Artemy, o belo jovem de vinte e três anos, também estava chique: calçava sapatos com meias, vestia uma camisa azul de veludo, colete e lentejoulas bordadas a ouro, com bofes de renda cara nos punhos e peitilhos, engalanado numa peruca e trazendo à cintura uma bela espada. O traje ia bem à sua figura alta e esbelta. Enquanto a tia descansava abanando o rosto afogueado, ele examinava o quarto.

— Que tal, Artemy? Gostou da minha mobília e da decoração em geral, à nova moda? Não acha que foi uma boa idéia juntar os dois quartos num ambiente? Saiu um belo salão de baile!

— Estou simplesmente fascinado com o que vi. Você conseguiu extrair o máximo dessa horrível construção. Quanto à decoração do salão, ele é esplêndido; as cortinas e os cupidos são maravilhosos. Vê-se em tudo o seu gosto refinado. Da mesma forma, o seu traje com pingentes de rubi e fivelas é incrível e fica bem em você.

Lisonjeada e satisfeita com o elogio, Anna Petrovna deu-lhe um leve tapinha na face.

— Seu adulador!

— Não estou adulando; invejo-lhe por você poder extravasar seu bom gosto – retrucou Artemy suspirando e traindo contrariedade reprimida. – O que não daria para arrumar a nossa casa à sua maneira! Mas vá falar isso ao meu pai! Se você soubesse o quanto ele me xingou por eu estar apaixonado por Matilde. Chamou-a de pé-de-chinelo e forasteira ignóbil, ameaçou deserdar-me, se eu ousasse desposá-la. O que se vai fazer com homem assim, incapaz de compreender os benefícios do progresso? Só um cego pode negar que nós somos uns bárbaros selvagens e necessitamos de mentores que nos disseminem conhecimento e nos façam gente. O pai tem mente obtusa. Oh, sinto que ele, com sua teimosia, arruíne a minha fortuna!

Os olhos de Artemy brilharam de raiva; seus punhos crisparam-se.

— Verdade. Danila vai acabar nos arruinando a todos – disse em tom preocupado Anna Petrovna. Pensei até que, para o bem dele e o nosso, deveríamos afastá-lo para bem longe daqui; mandá-lo para alguma propriedade longínqua. Talvez os alemães nos ajudem?! O que você acha? Precisamos tentar...

Com as últimas palavras da tia, Artemy se animou e em seu rosto perpassou um sorriso mordaz.

— Você tem razão, titia! Que mente perspicaz a sua! – empolgou-se ele, beijando-lhe a mão. – Faça isso, querida, e nos deixará feliz a todos; eu, ao mesmo tempo, prestarei um serviço a Gleb Mikhailovitch. Que esses adoradores de velharia fiquem morando juntos como nos tempos de *petchenegues*[(28)] – concluiu em voz alta, pondo-se a rir com escárnio.

Anna Petrovna cascalhou também e ambos riram até se cansarem.

— Onde está Elena? – perguntou subitamente Artemy preocupado. – Tomara que o pai não a atrase no último minuto!

(28) Povo de raça mongol na margem setentrional do Mar Negro, exterminado em luta contra russos e bizantinos nos séculos XI e XII. (N.T.)

— Não se preocupe! Ela está no meu quarto, ensaiando o minueto com Francina. Danila acha que ela está segura, pois eu convidei Gleb...

— Meu Deus, que fastio! Ele aqui será um estorvo no caminho de Dorfgame – interrompeu Artemy, aborrecido.

— O que fazer? Tive de convidá-lo. Mas não se aflija, tomei as minhas providências. Ontem Lena passou o dia inteiro aqui e eu, não sendo uma idiota, mandei chamar Dorfgame e lhe dei toda a liberdade de flertar com a nossa jovem castiça. O barão não perdeu tempo e foi maravilhosamente encantador. Ele teve a idéia de ensinar-lhe o minueto e ambos dançaram por cerca de duas horas. A persistência e a amabilidade do barão acabaram por conquistar finalmente a jovem recatada. Em despedida, ele lhe beijou diversas vezes a mão, e ela, seguindo um conselho meu, ofereceu ao barão a rosa que lhe enfeitava o corpete. Eu acredito que hoje à noite ele lhe fará uma proposta e, se ela aceitar... Tsss! Ela está vindo!

Neste instante no umbral do salão apareceu Elena. Trajava um vestido de cetim com acabamento em gaze dourada, rendas e bordados de rosas. Afogueada pela animação e continuando a dançar o minueto, ela se aproximou da tia e irmão e fez uma elegante reverência.

— Olhem como eu já sei fazer as reverências! – gabou-se ela.

— Você está suave e leve feito borboleta, Lena. Não vá esquecer os passos do minueto!

— Não, titia! Acabei de repassar os passos com Francina. Meu Deus, como ela é boa e atenciosa! Como gostaria de ter uma camareira francesa assim!

— Compartilho inteiramente de seu desejo – interveio Artemy. – Essa ralé do papai, que inundou a nossa casa, é nojenta; mais parece um gado, sujo e rude. O que não daria para não ver mais aqueles broncos – Anton e Ilya – e contratar um empregado francês. Só de imaginar o prazer de se ter um criado superior, de maneiras decorosas, com o qual é possível até conversar...

— Sim, como esta Francina, uma verdadeira "dama", pode-se dizer. Mas eu jamais me separaria do nosso velho Ilya, por mais que eu queira ter uma camareira francesa.

Artemy desatou a rir.

— Dou-lhe Ilya de presente, já que você gosta tanto dele. O que eu queria é ter uma casa neste estilo. Você mesma poderia ter sua própria casa, se quisesse...

— É claro, só não sei como isso pode depender de mim.

— Ah, espertinha! – observou Anna Petrovna, sacudindo o dedo. – Você quer nos convencer de que não sabe que o barão Dorfgame está apaixonado por você e, depois que a vir deste jeito hoje, perderá totalmente a cabeça. Confesse: você gosta do barão?

— Ele é muito amável e andou flertando comigo, mas é macérrimo e agitado, parece estar sempre dançando. De qualquer forma, não é tão bonito como Gleb Mikhailovitch.

— Tss, tss! Que comparação! – fez Anna Petrovna. Será que você está cega, Létotchka? O seu bem nutrido e corado Gleb Mikhailovitch é simplesmente um mujique – um urso; conquanto o barão com sua palidez encantadora, cheio de graça delicada e trato cavalheiresco, é um exemplo de fidalgo. Você deveria agradecer a Deus, se Ele lhe mandar como marido um homem tão encantador e refinado. Ou será que você prefere viver enclausurada com um marido vulgar, que a tratará como prisioneira, sempre a ameaçá-la com os punhos, assim que você se tornar sua esposa?

As faces de Elena se incenderam e em seu rosto impressionável refletiu-se uma dilacerante luta interna, causada pelas palavras da tia. Ela não teve tempo para responder, pois neste instante apareceram os primeiros convidados e Anna Petrovna apressou-se em recebê-los.

Logo o salão de baile e o *boudoir* encheram-se de multidão garrida e diversificada. Entre os cavalheiros havia um barbeiro francês, um alfaiate alemão, dois italianos desconhecidos, alguns mercadores holandeses bem robustos e um grupinho de alemães, que já haviam conseguido postos administrativos vantajosos; o resto dos convidados consistia de russos, da nova moda, com suas "damas", travestidas em indumentária ocidental.

Anna Petrovna parecia beatamente extasiada, coberta que estava de elogios pela reforma da casa; das mulheres, sobretudo, impressionadas pelo gosto refinado – todas embasbacadas pela riqueza da mobília, e enaltecendo a decoração geral da casa.

— Realmente, querida, o seu salão é maravilhoso e nada lhe quebra a "harmonia"; até a criadagem de peruca anda de roupa nova. A impressão é que a gente está na casa de alguma cortesã da corte de Versailles – não parava de falar uma velha fidalga, toda de ruge, pó-de-arroz e desnudada como ditava a moda.

Anna Petrovna corou de satisfação e fez um sinal com a mão para que um miúdo e lesto senhor, de aspecto italiano, delas se aproximasse.

— Apresento-lhe, Solomônia Antonovna, o senhor Ulpino Tripetti, o feiticeiro que ajudou a transformar a minha toca de urso naquilo que está vendo.

Visivelmente lisonjeado, o italiano curvou-se em profunda reverência.

— Sua enorme cultura tornou-me fácil a tarefa de transformar uma velha casa num moderno palácio, onde ficamos à vontade, esquecidos de estar num país ainda selvagem...

— Oh, muito selvagem! Por favor, não se envergonhe, senhor Tripetti – encorajou-o Anna Petrovna, rindo de satisfação.

Neste ínterim, ao *boudoir* entrou um novo convidado. Era um homem de uns trinta anos de idade, magro, de rosto atraente; mas a vida, provavelmente impetuosa, envelhecera-o prematuramente, e o intenso rubor das faces não conseguia toldar as rugas precoces do rosto murcho, variegando a fronte, as têmporas e os cantos da boca. Ele estava elegantemente vestido e foi imediatamente ao encontro da anfitriã em passadas lépidas e estranhos trejeitos, ora também em moda.

— Tenho certeza – disse ele, sorrindo e beijando respeitosamente a mão de Anna Petrovna – que os tempos da barbárie passaram a partir do momento em que as mulheres – esses gênios da graça e elegância – abandonaram suas clausuras, libertaram-se da escravidão e sacudiram de si os trajes canhestros que as escondiam de sua beleza. A partir deste momento, repito, o caminho à civilização está aberto.

— Oh, o querido barão é sempre tão amável! O senhor tem razão: o ar da liberdade e a luz começam a penetrar neste porão bolorento, chamado de Rússia. Nos tempos idos, infelizmente, os estrangeiros receavam vir para cá, mas agora sua entrada é livre e eles são nossos queridos mestres e convidados. Só agora entendemos que eles disseminam a luz e a liberdade e, graças a Deus, começam a benfeitorizar a nossa toca de urso – observou Anna Petrovna.

Dorfgame respondeu-lhe com um novo elogio; mas, neste instante, ele viu Elena no meio de um grupo de damas, foi até ela e a convidou para o minueto, cujo prelúdio começou a ser interpretado pela orquestra. Oferecendo-lhe a mão, ele a levou ao salão.

Mal acabou a primeira dança e os criados começaram a oferecer refrigerantes; neste ínterim, na porta do *boudoir*, apareceu Gleb Mikhailovitch. O luxuoso *kaftan*, orlado de zibelina e bordado em pedras preciosas, combinava incrivelmente com sua figura alta e garbosa.

Cercada por convidados, Anna Petrovna pousou-lhe um olhar hostilizado e respondeu com um leve menear da cabeça à reverência respeitosa do jovem boiardo. À pergunta de "onde estava Elena?", ela respondeu negligente:

— Não sei; talvez no salão. Ela acabou de dançar e estava conversando com as damas.

Ao acompanhar com olhar hostil a saída de Gleb, a anfitriã dirigiu-se a Solomônia Antonovna:

— Alguém já viu um palerma assim?! – zumbiu ela, mordaz. – Nem sequer sabe que, ao cumprimentar a dona da casa, deve lhe beijar a mão.

— Que estranho!

— Não há nada de estranho nisso. Ele é afilhado do meu irmão, uma pessoa limitada, não há como ensinar-lhe boas maneiras. Contrariando o espírito dos tempos e constrangendo os nossos amigos – mestres estrangeiros –, esse bronco veio em traje de bárbaros, com acabamento em pele, calçando botas até os joelhos, como se fosse a uma estrebaria. Queridos amigos, peço-lhes serem indulgentes com esse selvagem, se ele se permitir a algo que não deve.

A anfitriã estava visivelmente zangada e só as persuasões dos convidados, jurando-lhe que ninguém se importaria com o comportamento do jovem "selvagem", acalmaram-na um pouco e ela se animou.

Após a dança, Dorfgame levou a sua dama ao quarto anexo, onde havia menos gente, e começou a servir-lhe doces e confeitos, desmanchando-se em amabilidades. Não acostumada a esse tipo de galanteio, Elena ficou embevecida e entregou-se involuntariamente à sedução do cavalheiro. De súbito, ela perturbou-se e empalideceu, ao ouvir a voz sonora de Gleb, que provavelmente estava à sua procura.

Aproveitando a ausência do barão, que saiu para pegar um copo de *orchad*(29), ela se levantou e correu até o cômodo

---

(29) Refrigerante produzido da decocção da cevada. (N.T.)

ao lado, vazio naquele minuto, que era a nova toalete da tia. Trancando a porta, alarmada, Elena apurou o ouvido.

"Gleb deve estar me procurando" – pensou ela –, "que vergonha! Ele nunca me viu vestida desse jeito... O que ele dirá?"

Ela olhou-se inquieta no espelho, iluminado por velas laterais, aproximou-se mais perto e começou a se examinar perscrutável.

— Eu acho que ele gostará de mim; todos dizem que o vestido me cai bem – sussurrou ela a meia voz.

— E dizem a verdade! A senhora é bela feito Vênus – sibilou uma voz perto de seu ouvido.

Elena estremeceu, virou-se rápido, de tal modo que o leque lhe escapou das mãos trêmulas, e interceptou o olhar incendido do barão, o qual se inclinava a ela com sorriso de amabilidade adocicada. Dorfgame levantou o leque e, abaixado num joelho, estendeu-o a ela; depois, pegou-lhe a mão e a levou até uma poltrona.

— Por que a rainha do baile veio se esconder aqui? – censurou ele. – Está fugindo de mim? Como a senhora é cruel, *fräulein* Elena. Sabe que eu morro de amor pela senhora e, ainda assim, os meus sofrimentos não a comovem. Diga-me algo que me dê uma esperança para a felicidade.

Elena perturbou-se e o fitou surpresa.

— O que eu posso lhe dizer, barão? O senhor deve saber que eu já sou noiva de um outro homem – balbuciou.

— Eu sei. Mas, enquanto a igreja não os atou, a senhora tem tempo de desistir, se este casamento lhe é aversivo. Que sina a aguarda neste país selvagem, onde uma mulher é considerada escrava, padece no calabouço, deformada por vestimentas monstruosas? Que vida a senhora levará aqui... definhando, murchando feito uma flor sem sol e água? Na minha pátria, uma nação livre, no meu maravilhoso castelo em

Thüringen[30], ou na corte do duque, meu rico protetor, a senhora gozará de honrarias e veneração, como merece sua inteligência e beleza. Compare só: enquanto de um lado a senhora estará fadada a ser a esposa de um homem vulgar e inculto, para o qual não passará de uma prisioneira ou criada, de outro, entretanto, ficará unida a um homem que lhe será um escravo, quando qualquer capricho seu será uma lei; eu a venerarei feito uma divindade.

Ele se empolgou em sua verve e continuou a seduzi-la com sua fala. Elena parecia hesitante e nem arrancou a mão que este agarrou, cobrindo-a de beijos.

— O que me diz, barão, é justo e até pode acontecer, contudo há uma barreira intransponível: meu pai, que jamais aceitará que eu me case com um estrangeiro – Elena disse em tom vacilante, perturbada.

— Eu sei que será uma luta difícil, mas não podemos nos desesperar. Seja forte! Recorreremos à misericórdia do czar; ele, em sua obstinação de quebrar os velhos e bárbaros preconceitos do povo, saberá consolidar a nossa felicidade. Meus amigos já sondaram o terreno e tenho esperanças auspiciosas. Minha adorada *fräulein* Elena – exclamou ele, ajoelhando-se –, prometa ser minha esposa e, amanhã mesmo, irei pessoalmente falar com o czar para suplicar-lhe...

Neste instante, no quarto contíguo ouviu-se a voz de Anna Petrovna.

— Realmente não sei, Gleb Mikhailovitch, onde ela poderia ter ido; terá se escondido no guarda-roupa? Ela deve ter fugido de vergonha, ao ver seus trajes de mujique.

Assustada, Elena retesou-se e fez o barão levantar-se.

— Saia rápido! Não quero que o meu noivo nos veja juntos.

---

(30) Região da Alemanha. (N.T.)

Ágil, esgueirando-se furtivamente feito gato, Dorfgame desapareceu no fundo do quarto feito uma sombra. Elena surpreendeu-se com seus modos de gatuno e acompanhou-o com olhar cismado. Neste momento, a tia e Gleb entraram por outra porta; a atenção de Elena concentrou-se no noivo, que parado e com cenho franzido olhava zangado para ela.

— Aqui está ela! Deixo os dois sozinhos, pois devo cuidar dos convidados – alegou Anna Petrovna com o desdém com que sempre tratava Gleb Mikhailovitch, e retirou-se.

Sobreveio um silêncio opresso. Perturbada, pálida e cabisbaixa, Elena brincava maquinalmente com o leque; Gleb continuou a examiná-la e depois se aproximou mais.

— Esta é você, Elena Danilovna? – deixou escapar ele com voz trêmula. – Não acredito! E você não tem vergonha de aparecer nesses trajes diante de todos?

Elena nada disse e só passou o lenço pela tez avermelhada.

— De fato, tempos novos chegaram – prosseguiu Gleb em tom severo –, os estrangeiros mandam aqui mais que os *oprítchniki*(31). Fizeram sair de dentro das casas as nossas mães, esposas e irmãs e, se antes, uma falta qualquer era motivo de vergonha ou desonra, hoje isso é considerado de bom-tom. Permita que eu lhe faça uma pergunta. Poderia você imaginar sua ilustre genitora, Varvara Borissovna, usando uma saia curta, corpete apertado e braços e peito à mostra, no meio de um bando de aventureiros? Digo *aventureiros* porque gente honesta, que poderia viver condignamente em seu país de origem, não iria – acredite-me – buscar aventuras e lucros num país estranho.

A menção da mãe abalou Elena. Assomou-se-lhe, na memória, a alta e garbosa mulher em traje vistoso, de olhar límpido e sereno.

---

(31) Elementos do exército especial de Ivan, o Terrível, criados para combater a oposição de príncipes e boiardos. (N.T.)

— A mamãe aqui... neste traje?... É claro, não posso imaginá-la assim! Peço-lhe, Gleb Mikhailovitch, não a evoque nem perturbe seus restos mortais!

— Você me proíbe de evocar Varvara Borissovna? Então você sente que seria uma afronta à sua memória a simples intenção de incluir a figura nobre da princesa, por todos respeitada, na escória desavergonhada e cômica, aqui reunida. E como você, sendo filha dessa mesma Varvara Borissovna e do príncipe Danila Petrovitch, não se avexa de sua presença aqui, vestida como uma cigana?

— Faço como outras mulheres nobres e boiardas fazem. Os estrangeiros são nossos mestres; eles disseminam-nos os fundamentos da cultura de que sobejam seus países, tentam erradicar os nossos costumes selvagens e vulgares – redargüiu Elena, ofendida.

— Disseminar eles disseminam, mas introduzem seduções de luxo e caprichos imprestáveis além da conta. Deus vê que eu não nego a necessidade das transformações, mas, será que você, Elena Danilovna, considera-nos tão estúpidos – e em sua voz soou escárnio – que não possamos, nós mesmos, sem a estrangeirada, refazer o que foi ultrapassado ou assimilar o que é útil e bom, sem arrancar, feito erva daninha, todas as tradições consagradas pelos antepassados, e que fizeram a Rússia grande e forte? Bem, deixemos isso para mais tarde, pois tenho questões mais importantes com você.

Ele se aproximou e premeu forte a mão de Elena.

— Quero saber se é verdade o que disse Anna Petrovna: que você tem vergonha de mim. Seja sincera! Por mais que me seja amargo, prefiro a verdade à tortura da dúvida. E diga honestamente se me ama, como anunciou seis meses atrás, quando noivamos; ou você já não me suporta, pois uso roupa do meu querido país e não me curvo diante dos aventureiros? Fale! Por mais que me seja doloroso, você pode reconsiderar sua palavra. Quero amar e respeitar uma esposa e não uma bufona qualquer, tal qual a sua tia ou os macacos que dançam a música dos estrangeiros, seminus. Fale e decida!..

Elena encarou embaraçada o rosto belo e vivaz do noivo, seus olhos coruscantes e a figura alta e esbelta. Em seu coração agitou-se o antigo amor que nutria por Gleb e a sedução por ele.

— Sem dúvida que eu o amo, Gleb Mikhailovitch, e o prefiro a um estrangeiro... Só que... você não vai me trancafiar num calabouço, onde ficarei padecendo como sua prisioneira ou escrava?... Não quero isso, pois já senti o sabor da liberdade – balbuciou Elena, corando.

— É disso que você tem medo? – sorriu amargo Gleb. – Então ouça o que tenho a dizer! Será que sua mãe foi uma prisioneira ou escrava? Não, ela foi uma amada companheira de vida de seu pai, que a respeitava. O dito popular reza: "Antes ser preso, mas cercado de cuidados!" Oh, não inveje tanto a felicidade dessas mulheres, supostamente libertas. Não se sabe ainda se não as aguarda no porvir um cativeiro ainda mais vergonhoso e amargo. Ninguém sabe ainda onde vai parar essa "liberdade", assim que você comece a sacudir de si todos os elos e as leis. Pode acontecer que não sejam poucas as mulheres, casadas no altar, que cederão o seu lugar às estrangeiras bonitinhas, e não menos fortunas se dissiparão nessas reuniões e banquetes lautos, enquanto os vícios, até hoje a nós ignotos, começarão a carcomer a sociedade desapossada do alicerce cimentado por tradições sagradas e pela fé firme dos nossos antepassados. Mas não vamos discutir o que é justo e verdadeiro. Decida, Elena Danilovna, e escolha entre mim e essa nova ordem, tão absurda e contrária à natureza como este ano derrabado e esdrúxulo que se iniciará daqui a uma semana. Quero ter uma esposa tal qual eu a imagino: humilde, pudica, submissa e que me ame, a qual se sentirá feliz no seio do lar. Ou você tem vergonha de ser russa? Sob a proteção da vivenda por você desdenhada, as nossas mães criaram bravos guerreiros russos, dos quais se orgulha a nossa terra, e que engrandeceram e glorificaram seu nome nos campos de batalha; enquanto que as mulheres devassas, sem princípios morais, perambulando em visitas e serões, estas fugirão de casa, escarnecendo de qualquer dever e gerarão monstros infames, lacaios dos estrangeiros e destruidores da terra pátria.

Elena ouvia atentamente as palavras do noivo; arrebatada pelo enlevo do momento, ela ergueu para Gleb seus olhos belos e radiosos, cheios de lágrimas.

— Não, não! Não tenho vergonha de ser russa, orgulho-me disso e prometo a você, Gleb Mikhailovitch, não usar mais estes trajes alemães e vir a estas reuniões. Não quero mais ficar aqui... quero voltar para casa.

Os olhos de Gleb fulgiram de felicidade, ele a atraiu apaixonadamente junto a si e a beijou.

— Minha amada! Como lhe sou grato e como apreciei a sua decisão corajosa. Não tenho medo do porvir; toda a minha vida consagrarei para amá-la e respeitá-la, como foi amada e respeitada a sua mãe. E agora vamos, vou acompanhá-la até a carruagem. Como é que poderíamos sair daqui sem passar pelo salão, para que ninguém nos veja?

— Podemos ir pelo quarto de Francina e depois sairemos pela escada de serviço ao pátio; mais tarde, mandarei a criada pegar o meu sobretudo.

Meia hora depois, surpresa pela ausência da sobrinha, Anna Petrovna passou na toalete, onde Francina a aguardava inquieta e a avisou da saída de Elena. De raiva, Anna Petrovna quase teve um infarto e, cruzasse ela naquele momento com Gleb e Elena, sem dúvida a questão ia acabar num confronto. Mas... felizmente, estes já estavam longe.

Recuperando-se um pouco, Anna Petrovna voltou à sala de estar e informou Artemy e o barão sobre o incrível acontecimento, decidida firmemente a passar na sobrinha um sabão que esta jamais vira.

IV

Dois dias se passaram sem muitos acontecimentos importantes desde o serão na casa de Anna Petrovna.

O velho príncipe havia viajado para sua propriedade nas cercanias de Moscou e acabava de voltar à noite. Ilya participou-lhe que, aproveitando sua ausência, Artemy deu uma grande festa na casa e que Anna Petrovna esteve por duas vezes com a princesa, estava muito zangada, gritou e a xingou, em conseqüência de que a pobre Elena Danilovna estava abatida e até chorou. A despeito de tudo, finalmente, elas se reconciliaram e a tia mandou dois baús de enfeites, capas e chapéus, juntamente com uma criada estrangeira, para grande desgosto da babá.

Danila Petrovitch ouviu calado o relatório do fiel servo e o dispensou; depois se sentou junto à janela e começou a folhear um monte de papéis; mas, ao invés de lê-los, ele se entregou a profundos pensamentos, franziu o cenho e pôs-se a remexer nervosamente sua barba esbranquiçada.

Ilya, que tornou a entrar, tirou-o das divagações.

— Aleksandr Danilovitch obsequiou-se a vir e pede para vê-lo – anunciou o servo, preocupado.

Surpreso, Danila Petrovitch se levantou.

— Menchikov? Diga para entrar! – ordenou ele, depois de pensar um pouco.

Um minuto depois, adentrava o poderoso favorito de Pedro. Vestia um traje ocidental simples, de cor escura, e vinha com a mão estendida.

O anfitrião curvou-se comedidamente.

— Bem-vindo, Aleksandr Danilovitch! Em que posso ser útil?

Menchikov apertou-lhe a mão amistosamente e sondou o ambiente em volta.

— Estamos sozinhos? – perguntou. – Não há estranhos por perto?

O príncipe aproximou-lhe uma poltrona, entreabriu a porta, expediu as devidas ordens e voltou junto da visita.

— Pode falar sem receio, pois ninguém nos está ouvindo! O que tem para dizer?

— Vim como um amigo, para adverti-lo e, se possível, ajuizá-lo. Por que você se opõe abertamente à ordem do czar em vestir os trajes estrangeiros? Além disso, você não tem ido à Corte. Não percebe que a sua teimosia inútil de opor-se à vontade do czar o acabará arruinando, e que a nova ordem é irreversível?

O príncipe alisou impaciente a barba.

— O que eu perdi na Corte? Ela está tão engalanada por estrangeiros, que a ausência de um velho nem sequer será notada. Nós, os russos, somos lá desnecessários, além disso não tenho vontade nenhuma de tirar a barba, a não ser que queira de lá ser enxotado vexatoriamente. Ademais, eu teria de enfiar-me numa camisa alemã – o que eu não farei nunca.

Ele se levantou e examinou-se.

— Diga-me, então, em que o meu *kaftan* de brocado é pior do que o seu, alemão, cheio de bolsos, sem falar dessa peruca ridícula? – perguntou ele em tom de mofa.

Menchikov sorriu.

— A vestimenta é de menos. Entendo que na sua idade é difícil mudar os hábitos; mas, pelo menos, faça uma concessão aos seus filhos, deixe que eles sigam o novo caminho.

— Oh! Artemy não esperaria por minha permissão – retrucou em tom amargurado Danila Petrovitch. – Ele anunciou-se adepto de todos os modismos e já é um lacaio dos forasteiros; assim, o czar não encontrará um servo melhor que ele.

— Você está julgando seu filho assaz severamente. Durante o tempo que passou no estrangeiro, ele se impregnou de seus usos e costumes. Você sabe que a juventude gosta de mudanças e novidades... Contudo não é dele, mas de sua filha que eu queria falar e propor para ela um brilhante casamento.

— Ela já está comprometida, assim, de que casamento podemos estar falando?

— Eu sei; mas estará você agindo certo quanto ao futuro dela? Gleb Mikhailovitch compartilha de suas convicções e, na Corte, muitos já o estão olhando torto; entretanto, a sua filha tende aos sopros novos, daí... está claro que ela prefere a liberdade e alegria à clausura. Tenho fundamentos de achar que ela gosta de um jovem estrangeiro de boa origem, que logo receberá um posto almejado. Esse casamento é digno e devo acrescentar que o czar o vê importantíssimo. Assim, a sua anuência lhe devolveria a benevolência do soberano e sua teimosia seria perdoada.

O rosto do príncipe incendiou-se, seguido de palor cadavérico; mas ele conteve a ira que lhe fervia o sangue.

— Jamais eu voltei com minha palavra – disse ele, em tom comedido. – Mas diga-me, Aleksandr Danilovitch, quem é esse noivo, nomeado pelo czar?

— É o barão Dorfgame, bem recomendado por seu primo, cortesão de Kurlândia. Ele é benquisto na Corte e sua irmã gosta muito dele; mas você pouco freqüenta a sociedade e provavelmente não o conhece.

— Barão Dorfgame? O magrela de cara amarelada, aquele alemão de nariz aquilino que anda feito uma lavandeira[32]? Eu já me encontrei com ele; ele vem visitar Artemy. E já que o barão da Kurlândia o elogia, honra seja feita ao teutônico falar bem dos seus. Há-há-há! E esse macaco saltitante a minha filha preferiu, você diz, a Gleb Mikhailovitch? Sinto muito se ela tem um gosto tão ruim assim; não obstante, eu jamais a deixarei se casar com um aventureiro alienígena; prefiro que ela vá ao mosteiro.

— Dorfgame não é aventureiro, mas um cortesão germânico; ele foi um oficial na sua terra e...

— Hmm! Por que será que ele largou o serviço e o país? – interrompeu o príncipe. – A nossa discussão não leva a nada, pois, pelo visto, você está mal informado. Uma coisa é certa: Lena esteve uma única vez no serão da casa da tia, mas de lá saiu reconciliada com o noivo, prometendo nunca mais ir àquelas reuniões, nem se vestir indecentemente.

Menchikov balançou a cabeça.

— Um arrebatamento passageiro, meu amigo, e provavelmente ela já se arrependeu da promessa, pois pelo que sei, ainda hoje à noite, ela irá à reunião na casa dos Golovin...

Ao ver o príncipe estremecer e ficar empalidecido, baixando a cabeça, Menchikov o tocou pela mão e disse em tom amigável:

— Seja razoável, Danila Petrovitch, basta de confrontos e não se prejudique e nem seus filhos!

O príncipe sacudiu a cabeça.

— Antes disso a alma deve ser ajustada, à maneira alemã, para a sem-vergonhice de um vendilhão, senão o *kaftan* germânico ficará apertado e não vai dar para enfiar a cabeça. Estou cheio de ver o que acontece em volta. A que ponto chegamos, se os estrangeiros são os primeiros conselheiros do czar...

---

(32) Ave passeriforme da família dos tiranídeos que, ao andar, rufla as asas. (N.T.)

Menchikov saltou assustado.

— Infeliz! O que está dizendo? Deus nos guarde se alguém ouvir; será o seu fim! Ainda bem que estamos sozinhos e eu sou seu amigo.

Ambos ficaram calados por uns instantes, finalmente Menchikov perguntou:

— Diga-me sinceramente, Danila Petrovitch, e o que disser ficará comigo: por que você odeia os estrangeiros, por que hostiliza a nova ordem? Você já esteve em muitos países estrangeiros e viu pessoalmente que em seus regimes há muita coisa boa; você, que ama sua pátria, deveria aceitar as transformações boas e úteis.

Danila Petrovitch deu-lhe um tapinha, reconhecido, no ombro.

— Agradeço pelas boas palavras, Aleksandr Danilovitch, e responderei com toda a sinceridade, como a um irmão. Então ouça! A bonança que se seguiu aos tempos do desgoverno revelou as chagas terríveis do nosso regime, tanto na agricultura como indústria e educação, e eu sei que precisamos fazer alguma coisa, mas preservando os fundamentos enraizados no cotidiano, alicerçados desde os tempos remotos, ainda que não de todo corretos, porém sólidos. Ainda que eu não ache que tudo que é estrangeiro é melhor e tudo que existe de melhor está no estrangeiro, não sou nenhum inimigo do modernismo e das transformações úteis; indigna-me, tão-somente, o modo como eles são introduzidos. Não se pode, de um só golpe, destruir uma edificação antiga e construir uma nova, usando para tanto as mãos *estranhas* e normalmente hostis. Os novos rumos e pensamentos devem ser incutidos e assimilados pelas mentes aos poucos, adaptando-os às necessidades e características do povo. Denegrir e chamuscar de sujeira tudo que é russo e natal, verter nos corações desdém ou indiferença à pátria, enaltecer falsamente tudo que é estrangeiro, escancarar as portas e os portões a toda espécie de monstros alienígenas – isso não significa transformar. Eles nos invadiram feito ratos famintos, e logo nos devorarão, tenho certeza; ficaremos pobres e infaustos em nosso próprio país. Todos esses "Kannengiesseres" irão reinar e debochar de nossa nobreza, que perderá seus postos junto ao czar e, então, a escória alienígena mandará em todo o apossado. Você acha que os alemães vão ajudar o nosso povo? Duvido: "Por mais que se alimente o lobo, ele sempre torna à floresta!"... Eles só acreditam no lucro. Lembra-se da expedição de Klúchino[(33)], quando a lealdade dos alemães, pela lei de Judas Iscariotes, entregou o exército russo para a morte e o país aos saques?...

— Bem, mas o czar prodigaliza-nos com sua benevolência.

— Sim, prodigaliza, como a nós, boiardos, "prodigalizou" diante do povo no enterro de Lefort, dizendo: "Esses são cães e não boiardos"! Não me admirarei se ele ficar sozinho com os seus alemães, já que os nossos são cada vez mais apreciadores do modismo indulgente, como esse boiardo Golovin, tão obsequioso com os alemães, ou você – com todo o perdão. Por que o soberano não se acerca de pessoas como Possochkov[(34)] – um homem bem capacitado? O problema é que Ivan Tikhonovitch reputa as nossas tradições e já intuiu quem são os alemães, e isso é inconveniente. Se não é assim, por que é que os irmãos Likhudov ficaram em *opala*? São pessoas de estirpe ilustre, cultura elevada, defensores obstinados da ortodoxia. Novamente um problema: não são bem vistos pela comunidade alemã. Só de uma coisa sinto pena, tanta pena que decapitaram Grichka Kochikhin por seus "bons" servi-

---

(33) Povoado perto do qual houve uma batalha entre russos e poloneses, quando mercenários estrangeiros passaram para o lado dos poloneses, precipitando a queda do czar Vassily Ivanovitch Chuisky. (N.T.)

(34) Economista e escritor russo (1652-1726). (N.T.)

ços; que correligionário do czar ele não seria: mude o rumo que quiser, vire tudo de avesso, ele dava um jeito de escapar, esguio feito cobra. O mal em tudo isso é que o czar ouve muito os alemães. Veja como eles tomaram ares de importância sob a complacência do czar, como se tornaram poderosos devido à nossa ignorância, fraqueza e inabilidade manual! Nas sobranceiras fileiras polonesas, eles nem piscam diante daquilo que é sagrado ao povo; enquanto entre nós, alardeiam ter rapinado os haveres públicos, ou vivem procurando livros que possam injuriar a Rússia. Devassos e violentos, mordazes e insolentes, eles zombam de nossos costumes simples, de nossos medos, das providências modestas que tomamos e da nossa vontade de render-nos a eles.

Não, estou velho para vergar as costas e estou pronto a morrer por minhas convicções. Nem tortura nem punição me amedrontam; hoje em dia, ninguém está seguro por sua vida. Ainda que você seja um desses "coniventes", Deus queira que não pereça nessas intrigas do inimigo.

Menchikov empalideceu e disse em voz surda:

— Suas palavras lembram-me a predição de um vidente que profetizou a minha ascensão: "Você alcançará os degraus do trono, mas morrerá em isbá[35]!" – Mas tudo está nas mãos de Deus – concluiu ele, após pensar um pouco e passando a mão pelo rosto como que afugentando pensamentos lúgubres.

Um silêncio sobreveio então; finalmente, Menchikov levantou-se.

— Que Deus o guarde, príncipe Danila Petrovitch! Queira Deus que você nunca se arrependa de sua insubmissão! – disse ele em despedida, abraçando amistosamente o príncipe.

(35) Humilde casa camponesa russa de madeira. (N.T.)

Depois de acompanhar a visita até a porta, Danila Petrovitch retornou ao seu lugar perto da janela e entregou-se a profundos pensamentos, franzindo o cenho, sombrio. A notícia de que Elena queria quebrar a promessa dada e iria novamente para uma reunião o deixou amargurado e possesso. Voluntariosamente, ela optara pela ida à festa, querendo com isso causar uma afronta a Gleb por amor a Dorfgame, ou teriam Anna e Artemy influenciado a sua alma jovem, maleável e inocente como criança?...

Ao ter uma idéia, ele se levantou resoluto e foi ao quarto da filha.

O primeiro cômodo estava vazio; no dormitório, junto à janela, estava sentada a babá, costurando algo, vez ou outra enxugando lágrimas que escorriam por suas faces enrugadas. Ao ver o príncipe, ela se levantou assustada.

— Onde está a princesa? – perguntou Danila Petrovitch.

— A tia Anna Petrovna passou e pegou-a para passear.

Danila Petrovitch aproximou uma cadeira e sentou-se.

— Ouça, Matriona, e seja sincera em suas respostas! Se você transigir com a consciência e me mentir ou omitir algo, isso lhe custará caro!

— Pergunte, paizinho! Jamais lhe menti e não será agora, no fim dos meus dias, que o farei – respondeu a velha, fitando nele os olhos bondosos e honestos.

— Diga-me, primeiro, se é verdade que Lena está pretendendo ir à reunião naquele vestido indecente?

— É verdade! Ela resistiu muito, mas Anna Petrovna e Artemy convenceram por fim a coitada.

— Conte-me detalhadamente o que aconteceu depois que ela voltou da festa da tia.

— Oh, naquele dia ela voltou para casa feliz e me disse: – "Leve esse vestido e os sapatos longe de mim; eu prometi para Gleb Mikhailovitch". No outro dia, Anna Petrovna chegou esbaforida, feito louca; nunca a vi tão furiosa. Partiu para Elena Danilovna e começou a gritar, dizendo que ela a tinha envergonhado, deu uma de idiota e deixou em desespero... como é que é mesmo o nome dele? Oh, esqueci o nome! Só sei que é alemão. Então começou a xingar Gleb Mikhailovitch, chamando-o de biltre e *smierd*... Oh, oh! No início a princesa defendeu-se e discutiu com a tia; então, inopinadamente veio Artemy e começou a xingar e censurar a irmã, junto com a outra. Aí Lénotchka não resistiu e desabou em pranto amargo. Anna Petrovna abraçou-a, acariciou e arrancou-lhe a promessa de ir à noite na casa dos Golovin. Depois do almoço, trouxeram dois baús e veio uma rapariga nojenta, de busto à mostra, e começou a experimentar em Lena vários trajes. O que ela poderia fazer? É uma criança ainda; tudo a diverte. Hoje de manhã, Anna Petrovna veio novamente falando da promessa e a princesa, toda abatida, disse-lhe:

— Não estou fazendo coisa certa. Prometi a Gleb Mikhailovitch não me vestir mais assim nem ir a esses serões. O que irão pensar de mim se eu faltar com a palavra? E você com Artemy não param de me tentar com presentes e persuasões...

Então Anna Petrovna diz com azedume:

— Vou precisar fazê-la ir à força, pois você é tão tola que vai deixar escapar a felicidade. Você tem medo, Deus me perdoe, desse Gleb? Estará você apaixonada por esse biltre?

Aí então ela começou a falar do alemão, sempre o elogiando; falou do czar e de uma amante sua, também alemã... bem... não entendi tudo; o que me parece é que Anna Petrovna está querendo que esse aventureiro se case com a princesa. Tão logo Anna Petrovna viu que eu estava ouvindo tudo com o coração palpitando, começou a me ameaçar, dizendo que me mataria se eu ousasse dizer algo da conversa entre eles.

— Não tema, Matrionuchka, ninguém a tocará nem com um dedo enquanto eu mandar aqui – disse Danila

Petrovitch, levantando-se para sair. – Agora eu, por minha vez, faço questão que você transmita à minha filha o que nós conversamos.

Ao voltar para o seu quarto, Danila Petrovitch entregou-se a longas divagações. Um ódio violento despertou-se em sua alma em relação à sua desavergonhada irmã e ao filho rebelde, que, à socapa, corrompiam uma criança ingênua, insuflando-a a menosprezar as convicções do pai e trair o noivo.

Ele pensou em chamar Gleb, quando este viera pessoalmente; já estava ali há algum tempo, mas ao ver a carruagem de Menchikov, no pátio, não quis entrar.

— Para que veio, Danilych[(36)]? – perguntou ele levemente alarmado.

Danila Petrovitch narrou a conversa que teve com o favorito do czar e falou do que soube de Elena; o jovem não quis acreditar.

— Você mesmo ouviu, padrinho, o quanto ela relutou e ficou com remorsos de ter de quebrar a palavra? Você vai ver: no último momento ela se arrependerá e não vai à festa.

— Deus queira que você tenha razão – observou o príncipe, suspirando.

À noite, o quarto de Elena estava profusamente iluminado com enorme quantidade de velas e um par de grandes candelabros junto à moldura de um grande espelho. O espelho era um presente da tia e sobressaía-se bruscamente de outra mobília; Elena estava exultante ao se ver dos pés à cabeça, examinando-se com a satisfação de uma menina. Trajava um vestido de baile rendado.

Suzette, sua nova camareira francesa, acabava a sua toalete, acolchetando ao corpete fitas e fivelas de diamante. Esta era uma moça já com certa idade, definhada, muito maquila-

---

(36) Corruptela do patronímico Danilovitch. (N.T.)

da, olhar malicioso e altivo. Não parava de palrear num russo macarrônico, intercalando frases francesas; Elena, como qualquer pessoa eslava, tinha talento para línguas estrangeiras e já compreendia os elogios a ela endereçados.

Após engalanar a cabeça de Elena com fios de pérolas e uma coroa de flores, trouxe uma caixa, tirou de lá um buquê de flores e, estendendo-o, apontou significativamente para um bilhete escondido.

— Do barão? – perguntou Elena, corando.

— Sim, sim! O coitadinho não vê a hora de encontrá-la e conta os minutos. Ele a ama tanto! – ciciou a francesa, borrifando com o perfume o pescoço, os braços e o vestido de Elena.

— Está na hora de ir, *mademoiselle*! Vou ver, rapidinho, se o seu irmão está pronto e se já não a espera junto ao portão, conforme combinado.

Ela saltitou fora do quarto. Elena sentou-se, dedilhando nervosamente o leque e, de soslaio, olhava para a velha babá, sentada desanimada junto à porta, parecendo alheia a tudo.

O rosto de Elena perdeu a expressão de alegria. No fundo da alma, remexiam-se os remorsos, e o ultraje a Gleb a dilacerava. Apesar de todas as persuasões e elogios da tia, quando ela comparava o barão com o jovem noivo, a balança pendia a favor do último; mas ela era ainda muito jovem, seu caráter ainda não se tinha definido; o coquetismo, a vontade de dançar, agradar a outros e divertir-se, tudo sobrepujava.

— Rápido, rápido, *mademoiselle*! *Monsieur* Artemy a espera! – apressou a francesa, ao desembestar pelo quarto.

Ela colocou nos ombros de Elena uma peliça e pôs-lhe a máscara; neste ínterim, a babá soltou um grito surdo.

A porta se abriu e no quarto entrou o velho príncipe, seguido por Gleb, pálido e nervoso.

Elena recuou assustada, a peliça caiu no chão e ela, involuntariamente, arrancou a máscara do rosto.

Danila Petrovitch deteve-se junto à entrada, tremendo da ira contida. Ele encarou severamente a camareira e, imperioso, indicou-lhe a porta, através da qual essa escapuliu; em seguida, ele examinou com ar de desprezo a filha.

— Para onde você está se arrumando? – perguntou.

— À casa dos Golovin – balbuciou Elena, empalidecendo de pavor.

— Sozinha?

— Não. Primeiro eu e Artemy vamos passar na casa da tia e de lá, com ela... – Elena começou a explicar, atrapalhando-se cada vez mais.

— Ah, essa sua tia e mais Artemy! – exclamou com riso brusco o príncipe. – Pelo visto eles conseguiram convencê-la de quebrar a palavra de honra –, isso também deve estar na moda. Você seguiu bem os ensinamentos de seu irmão, que a fizeram desobedecer à vontade do pai e trair torpemente o noivo. Oh! Queria saber o quanto pagaram a esse patife para corromper e depravar a irmã, vendendo-a àquele biltre alienígena!

— Pai... pai! Eles me pediram tanto... Gleb Mikhailovitch, julgue você mesmo!

Ela deu um passo em direção ao noivo; mas este recuou, suas faces incenderam-se.

— Vá, Elena Danilovna! – iniciou ele, em voz surda. – Vá com o seu ilustre irmãozinho obsequiar-se diante daquele macaco afetado, do qual você recebe flores e bilhetinhos. Não vou segurá-la, pois a partir de hoje você não é mais a minha noiva. Mulher que não mantém palavra dada é capaz de qualquer traição.

— Ela não vai a lugar algum para mostrar sua nudez e dar uma de palhaça diante da escória – gritou irado Danila Petrovitch. – Deste quarto você não sai! Ouviu? Se me desobedecer, vai se arrepender amargamente. Você, Matriona, não tire os olhos de Elena Danilovna e não a deixe sair de casa.

Ele deu as costas e saiu junto com Gleb, batendo a porta; Elena deixou-se cair impotente sobre a cadeira. Ela jamais viu seu pai tão irado, estava acostumada ser por ele mimada, era sempre carinhoso.

Com passadas lentas e pesadas, Danila Petrovitch voltou para o quarto e sentou-se no banco, cobrindo o rosto com a mão.

— Que dura provação! – murmurou ele.

Gleb, que entrou em seguida, triste e sombrio, inclinou-se sobre o príncipe e disse: – Compreendo e compartilho de sua tristeza, padrinho – declarou ele, associado na dor. – É difícil para mim também, mas permanecerei seu filho e tentarei dar um apoio nesta hora triste.

O príncipe, sem dizer nada, apertou-lhe a mão. Após algum tempo de silêncio, ele levantou-se de súbito e bateu palmas.

— Vá até o portão, Antip! – disse ao criado que se aproximou. – Ali você encontrará Artemy Danilovitch. Diga para ele não perder o tempo esperando, pois a princesa não irá a nenhum lugar.

Quando o criado saiu, Danila Petrovitch rompeu num riso amargo.

— Que pai ditoso sou eu – balbuciou em tom melancólico. – Meu próprio filho agora vai sair correndo para me denunciar; enquanto a minha filha está me amaldiçoando pela tirania e por eu tolher sua felicidade.

Uma hora mais tarde, quando Gleb já se preparava para ir embora, Ilya chegou esbaforido e nervoso e estendeu ao príncipe uma carta, trazida pelo mensageiro do mosteiro da Assunção, dizendo que a madre superiora, irmã da princesa falecida, adoecera gravemente.

Após ler a mensagem, o príncipe disse:

— Minha cunhada está enferma e quer nos ver. Partirei de madrugada. Diga ao Savely para que deixe pronta a carruagem com os ginetes que me acompanharão. Mande Matriona dizer à princesa que, se ela quiser ver a tia, que também se prepare. Não quero preocupar a enferma com as nossas brigas – acrescentou Danila Petrovitch, dirigindo-se a Gleb. – Já basta que Artemy se ausente junto ao seu leito de morte. Eu não quero levá-lo comigo, nem ele vai querer.

V

Era uma manhã escura de inverno. No pátio, praticamente noite, e só as lâmpadas diante dos ícones, que ocupavam todo o canto da parede dianteira, inundavam de luz suave e dormente a cela da madre superiora do mosteiro feminino de Assunção – um quarto espaçoso, de mobília simples.

Junto à mesa, numa poltrona funda cercada de almofadas, estava sentada a superiora, madre Porfíria. Era uma mulher de idade, magra; uma existência movimentada lhe havia ressecado o rosto, mas nos olhos afundados ainda faiscava uma chama jovem e o olhar era cheio de bondade.

Junto à enferma, prodigalizando cuidados, estava uma jovem irmã que acabara de lhe dar um chá de ervas e lhe envolvera ciosamente os pés com cobertor de lã. Neste instante, cuidadosamente, entrou na ponta dos pés uma noviça e anunciou que, de Moscou, obsequiou-se vir o príncipe Danila Petrovitch com a filha, pedindo, se possível, ser recebido sozinho.

— Vá, irmã Maria, e fique com minha sobrinha, enquanto eu falarei com meu cunhado. Façam-no entrar imediatamente – disse a superiora.

Alguns minutos depois, a porta se abriu e em seu limiar assomou-se a alta figura de Danila Petrovitch. Ele se aproximou da enferma e beijou respeitosamente a mão branca e diáfana da superiora, a abraçá-lo.

— Como estou feliz em encontrá-la melhor do que imaginava. A carta da irmã Rafaela deixou-me preocupado quanto à sua saúde – disse o príncipe, sentando-se no banco ao lado da enferma.

— É verdade, tive uma violenta crise cardíaca; fiquei inclusive com perda da memória, de modo que assustei as irmãs. Mas, graças à infusão preparada pela irmã Margarida, boa conhecedora de ervas medicinais, a crise passou mais rápido que o esperado. Estou me sentindo bem melhor e agora me arrependo por tê-lo preocupado inutilmente, ainda que, Danila, esteja muito feliz em revê-lo junto com a filha.

— Bem, de qualquer forma eu queria visitá-la nesta morada, pois preciso conversar com você. Necessito de alguns conselhos. Infelizmente não quero correr o risco de cansá-la com minhas lamentações – disse o príncipe, suspirando.

Madre Porfíria lançou um olhar perscrutador e condolente sobre ele.

— Fale abertamente! Sinto-me bem e o coração me diz que você necessita de um bom conselho e de palavras de consolo. Espere um pouco antes de começar a conversa. Lá fora deve estar um gelo, aguardemos para que nos tragam um chá com mel e ervas, durante o qual você me põe a par do assunto.

Neste instante entrou uma noviça com uma bandeja nas mãos, na qual se via uma xícara de chá com dois pratos: um com frutas cristalizadas, outro – com biscoitos. Após depositar a bandeja sobre a mesa, a noviça retirou-se.

Dado um gole do chá, Danila Petrovitch apoiou os cotovelos sobre a mesa, descansou a cabeça no braço e subitamente ele se retesou e disse em voz surda:

— Como é duro ter de lhe falar isso, sem contar um pressentimento ruim que me assalta. Só Deus sabe o quanto sofro... O demônio da estrangeirada tomou conta da minha família e semeou a cizânia em casa, onde antes era tudo paz e decência, transformando os filhos em inimigos do pai.

A madre superiora estremeceu e persignou-se.

— Você deve estar exagerando, Danila.

O príncipe deu um sorriso amargurado.

— Oh, não! Se você soubesse o que está acontecendo lá em casa, minhas palavras não a surpreenderiam. Chegaram os tempos profetizados: o anticristo sacode a sua tocha diabólica e conclama os estrangeiros para acabar conosco; estes, feito lobos famintos, invadiram o país e roem a nossa fé e dignidade. Não bastasse isso, a minha irmã, Anna Petrovna, uma velha idiota, abraçou irrefletidamente a moda e bestificou-se. Deixou a casa de pernas para o ar; enfia-se, feito maluca, em chapéus monumentosos, desfila com sapatos em que vive tropeçando e convida para sua casa sabe lá que tipo de gente. Um barbeiro francês, dizem, é amante seu. Está claro, logo ele limpará todo o seu dinheiro e arruiná-la-á finalmente; pode acontecer, até, que se case com ele. Se chegar a esse ponto de loucura, imagine o que mais pode acontecer. Ficasse ela com suas sandices, até não me importaria; mas é que a irmãzinha corrompeu os meus dois filhos. Artemy, esse já assimilou da estrangeirada tudo que há de pior e sobrepujou-se a ela; engalanou-se num *kaftan* alemão de vassalagem e torpidade humilhantes, perdendo sua dignidade de boiardo russo. Para a pátria, agora, ele não é mais nada, um homem inútil; enquanto eu estou impotente, pois ele não só despreza o meu poder paternal, mas me odeia e quase abertamente me chama de ultrapassado, de velho tolo, incapaz de compreender todas as maravilhas dos novos tempos. Tenho a impressão de que ele está trabalhando contra mim, querendo me arruinar e, de uma hora a outra, temo ficar em *opala* e até ser desterrado.

— Não estará você vendo as coisas sob um prisma sombrio? Como poderia um filho procurar prejudicar o próprio pai ou denunciá-lo? – interrompeu a superiora, empertigando-se lívida.

— Você acha isso impossível? Hoje não há nada de impossível, mãezinha, já que as tradições, antes respeitadas por séculos, estão sendo aniquiladas e espezinhadas; hoje está na moda difamar os nossos velhos costumes, cuspir em tudo que é sagrado e lamber as mãos dos estrangeiros.

Danila Petrovitch passou a mão trêmula pelos cabelos densos e esbranquiçados e em sua voz ouviram-se lágrimas, quando ele disse:

— Aguarda-nos a escravidão e peias bem piores do que agora, quando na Rússia não haverá lugar para os russos, enquanto os Kaniguisseres, Monses e Leforts e outros bandos de vagabundos lançarem suas fundas raízes aqui, mandando no destino da nossa terra. A estrangeirada se enfeitará em ouro e zibelina, enquanto a nobreza russa usará pele de lebre pintada.

Ele silenciou e, passando a mão na testa, prosseguiu:

— O sofrimento pela pátria desditosa abafou, como vê, o drama familiar. O que mais me dói é quanto à filha que adoro: Elena – imagem viva da minha inesquecível esposa. Anna e Artemy fazem de tudo para bestificá-la e já conseguiram resfriar seu coração a Gleb Mikhailovitch. O digno e probo jovem já não é de seu gosto, pois – veja só! – ele também é "ultrapassado", é muito mujique, não sabe cavalgar e rodopiar de salto alto, e é pretensioso e demais selvagem para dar valor às novas indumentárias em que ela desfila nua diante de homens. Canalhas! Anna com Artemy enfiaram em sua cabeça casar-se com um aventureiro alemão, chamado barão Dorfgame. E quem é esse vagabundo maquilado e descarnado lá na sua terra? Penso que ele não passe de um salafrário que simplesmente quer o rico dote de Elena, pois sei, de fontes fidedignas, que ele pega de Artemy e de outros idiotas dinheiro emprestado, que, evidentemente, jamais paga. E depois de limpar Elena, vai destratá-la; pode até matá-la ou expulsar de casa, pois quem deles vai querer protegê-la? Por enquanto eu a protejo e não permitirei esse casamento; mas talvez amanhã eu seja afastado e ela será obrigada a ficar noiva. Ontem Gleb rompeu com ela. Pressinto, irmã, oh, como pressinto, que ficarei sozinho na minha velhice, abandonado por todos e, ao invés de ter netos do nobre sangue dos boiardos, terei monstrinhos alienígenas que abominarão tudo que é nosso, inclusive a mim mesmo. Esse tipo de casamento frutificará por todos os lugares, pois o próprio czar incentiva, e o sangue estrangeiro vai infiltrando-se cada vez mais e fará crescer russos novos, imprestáveis para a pátria, que a destruirão e venderão aos inimigos... Aconselhe-me o que fazer, como agir?...

A madre superiora persignou-se.

— Sim, irmão, Deus investiu-o de uma enorme provação e é verdade quando você diz que chegaram os tempos de anticristo, já que os próprios filhos se insurgem contra os pais e a vergonha esconde-se atrás da máscara da dignidade. Estamos velhos e não veremos, graças a Deus, a desgraça iminente; já se pode sentir que algo nefasto e mau está em curso, profetizado por sábios. Sabe: aqui mora conosco uma vidente; já faz uns vinte anos que ela está enclausurada, seja verão, seja inverno, numa cela que mandou construir atrás da cerca. Alimenta-se apenas de água benta e do pão eucarístico e reza dia e noite. Deus a abençoou com uma dádiva: ela cura os doentes e às vezes prevê o futuro. No ano passado, ela trancafiou-se de repente e enxotou irada todos que a procuravam; alguns meses atrás veio toda em lágrimas e exigiu que lhe prendessem os pés e as mãos em grilhões. Desde então, todas as manhãs ela escancara a porta e as janelas em sua cela, põe uma carapuça idiota na cabeça, coloca três espantalhos na porta da entrada e, quando alguém entra, principalmente gente humilde, ela grita:

— Olhem, olhem, cristãos, como me aprisionaram. Estão ouvindo o tilintar das correntes da escravidão? É o aviso do Juízo Final! Tirem sua última camisa e a dêem aos estrangeiros e, depois, chorem e lamentem-se. Não estão ouvindo o choro e os gritos do povo testado por Deus: resistirá ele contra o Mal? Será firme a sua fé? Quis Deus contar seus fiéis, leais a Ele, que não se deixarão atrelar à carruagem triunfante de Satanás...

— Acredite, Danila, eu fiquei arrepiada quando a ouvi – concluiu a madre superiora.

— O que você me conta parece com o vaticínio que eu ouvi dos lábios de Varnava, seu conhecido. Ele também profetizou desgraças – observou o príncipe, suspirando. – Se me permitir, irmã, quero visitar a venerada Prascóvia; talvez ela me diga o que fazer.

— Vá, vá! A irmã Maria o acompanhará, enquanto falarei com Elena. Quanto a minha sobrinha, veio-me um pensamento e, se Deus quiser, talvez eu consiga ajuizá-la e demovê-la desse insano casamento com aquele asqueroso. Pelo menos uma desgraça a menos.

— Queira Deus! Agradeço por sua ajuda e participação.

Danila Petrovitch despediu-se e saiu; um quarto de hora depois, na sala da superiora entrava Elena. Ela estava branca, embaraçada e de cabeça baixa, quando se aproximou da tia em passos indecisos. Depois de abençoada, ela beijou a mão da enferma.

— Sente-se juntinho de mim, Lénuchka – disse madre Porfíria em voz meiga e baixinha. – Está sofrendo, eu vejo; seu pai me disse que há muita divergência entre vocês. Diga toda a verdade. Talvez os meus conselhos sejam de ajuda.

Ela baixou de joelhos diante da tia, envolveu-a com os braços e se pôs a chorar. A madre deixou-a desabafar, afagando-lhe a cabeça.

— Ah, querida titia! Estou tão infeliz e não sei o que faço. Queria ser livre... o barão Dorfgame me fascina; mas, ao mesmo tempo, perdi a paz e sinto muito ter magoado Gleb Mikhailovitch, que não me quer mais por esposa.

Madre Porfíria pegou meigamente pelo queixo da sobrinha, levantou-lhe a cabecinha abaixada e olhou meditativa e reprovadora nos olhos da sobrinha, cheios de lágrimas.

— Não sabe o que fazer? Seu coração está angustiado, porque está em jogo a questão mais importante na vida de uma mulher. E então – ela apontou para um grande ícone de Nossa Senhora –, pediu você conselho a Ela, a protetora e consoladora de todos os sofredores? Verteu você diante dela, em oração ardorosa, todos os seus sofrimentos espirituais e as dúvidas que se lhe instalaram? Implorou você para Ela afugentar o espírito do mal que a seduziu a cometer um erro irreparável? Orou você a Deus, Nosso Senhor Jesus Cristo, para livrá-la da tentação?

— Oh, eu orei, tia, mas... A Virgem Santíssima não me responde – balbuciou Elena, perturbada.

— Não, minha criança! Os nossos protetores celestes sempre respondem e a sua voz é a voz de nossa consciência; mas, freqüentemente, somos nós mesmos que não gostamos de ouvir a conselheira constrangedora. Pergunte então a você mesma: merece a aprovação de Deus e da Nossa Senhora aquilo que você tenciona fazer? Você se indigna e se rebela contra a vontade do pai e quebra a palavra dada ao noivo; mal saíra você da puberdade e já conta na consciência tantos pecados. E em prol de quem você quer abdicar pelo pai que a ama ardentemente e deixar a pátria? Em prol de um estrangeiro que a levará aos rincões longínquos, onde ficará sozinha, e onde não ousará ficar genuflexa diante da Mãe de Deus e acender uma lâmpada diante do ícone?...

— Não, não, tia! O barão é um homem cortês e respeitoso no tratamento; ele está perdidamente apaixonado por mim e será meu escravo e não meu amo. A tia Anna me disse que eu levarei lá uma vida de rainha, terei uma posição elevada junto à corte do duque, seu soberano; ou, talvez, nós ficaremos aqui, caso o barão receba um posto na Rússia. A tia diz que eu perderei a sorte grande, se não me casar com aquele homem distinto.

— E você ama, ao menos, esse cavalheiro... o qual parece estar mais preocupado com seu dote?

— Já sem isso ele é muito rico.

— Não obstante, chegou-me aos ouvidos que ele parece estar devendo ao seu irmão e a muitos outros. Mas, como percebo, a sua alma está perturbada pelo demônio, que quer arruiná-la; assim, não vou persuadi-la. Quero que você converse com uma testemunha sobre como esses seus grã-finos alemães tratam as mulheres russas. Você se lembra da minha afilhada, Elizaveta Vorochilova? – acrescentou ela ao ver a surpresa de Elena. – Ainda que ela seja mais velha que você, vocês, parece, eram muito amigas na infância.

— Como poderia esquecê-la?! Um tempo ela habitou neste mosteiro; depois, um tio seu ficou com ela e ela mais tarde se casou com um estrangeiro.

— Justamente! Seu tio, Grigory Timofeevitch, é um grande admirador de todos os modismos atuais; sua casa borbulha de toda uma espécie de aventureiros estrangeiros que para cá se aboletaram, para ensinar-nos a sabedoria, o tratamento cortês e, simultaneamente, a descrença e ócio. Bem, entre esses "iluminadores" havia um certo alemão, uma pessoa, como diziam, de origem nobre e, além disso, rica. Ele começou a cobiçar, então, a nobre e bem airosa herdeira; o titio, incentivado de cima, tentou convencer a Liza[37] a se casar com aquele vagabundo. Algum tempo depois do casamento, esse anunciou que negócios inadiáveis pediam sua volta à Alemanha. Uma parte de propriedades e terras foram vendidas e to-

(37) Diminutivo de Elizaveta. (N.T.)

dos os bens móveis foram pegos precavidamente. Foram setenta carros levando, naquele tempo, os utensílios valiosos de prata, brocados, veludos, jóias e tapetes orientais. Não dá nem para imaginar o que tinham!... Só de bagagem, sem contar o dinheiro, era um enorme patrimônio. Foi assim que ela viajou daqui; há uns seis meses atrás, ela voltou e pediu-nos para tomar os hábitos. Vou mandar chamá-la; ela que conte para você como viveu no estrangeiro e por que voltou ao mosteiro.

Elena ouviu a tia, lívida, pressentindo algo horripilante. Ela se lembrava bem daquela Liza – uma afilhada viçosa e linda da tia, amada por todos pelo caráter e bondade. O que teria acontecido a ela para se enterrar no mosteiro aos vinte e três anos?...

Enquanto a noviça saía para executar as ordens da madre superiora, instalou-se um profundo silêncio. Madre Porfíria não quebrava as reflexões da sobrinha e a examinava calada. A vinda da jovem noviça interrompeu as divagações de Elena e ela, em mudez atônita, olhou para a jovem mulher, pálida e magra, que, com expressão severa e amargurada no rosto, aproximou-se da madre superiora.

Será esta a antiga "arteira", de faces rosadas, como a chamavam no mosteiro?

Após receber a bênção da superiora, a noviça voltou-se para Elena e estendeu-lhe a mão; esta se lançou para abraçá-la e a beijou.

— Eu gostaria, Liza, que você dissesse a Lénuchka como é bom viver lá na Alemanha; ela está pretendendo deixar a pátria e casar com um certo barão.

A jovem empalideceu e recuou, pasma de pavor.

— Oh, não faça isso, querida! É preferível morrer a entregar-se ao poder dos estrangeiros. Nem uma escrava é tratada lá, no estrangeiro, com tanta crueldade e desprezo, como a mulher russa.

— Conte tudo pela ordem, desde que você foi para lá, para que Lena compreenda melhor! – interrompeu a madre Porfíria.

Ambas se sentaram junto da superiora e Liza pôs-se a descrever a sua vida no estrangeiro, parando a toda hora por perturbação e interrompendo o relato com as lágrimas.

— Não vou contar a minha vida conjugal com meu marido. Ainda que ela não fosse boa, era suportável. Mas, assim que cruzamos a fronteira, seu tratamento comigo mudou drasticamente. Ele tornou-se frio e ríspido e seu desprezo por mim foi crescendo, à medida que nos aproximávamos de sua cidade natal na Prússia. Por fim, chegamos ao local. Já não gostei da própria casa, com seu telhado pontiagudo; de sua família, então, Deus me perdoe, muito menos. Meu marido tinha a mãe, cinco irmãos e três irmãs, fora duas parentas velhas que ali moravam. E todo esse bando me odiou desde o primeiro minuto; eu já conhecia a língua alemã o suficiente para entender isso.

Soube, também, que o meu maridinho não era de linhagem nobre, como ele dizia ser. Verificou-se que era filho de um mercador, ainda que respeitável, mas de poucas posses. Ulrich – como se chamava o meu marido – era um filho pródigo, levava uma vida dissipada, tinha contraído muitas dívidas e feito muitas tolices, desaparecendo em seguida sem dar notícias... Quer dizer: viajou para procurar a sorte na dadivosa Rússia.

Voltando então com todo aquele patrimônio, ele mereceu uma bela recepção em sua pátria; enquanto eu, que trouxe toda a riqueza, nem era digna de sua atenção, apenas de sofrimento. Com sem-cerimônia descarada, ele começou a distribuir minhas coisas para os irmãos e irmãs, e o resto, que ele achava supérfluo, começou a vender e transformar em dinheiro. Tudo era feito sem qualquer remorso, vulgarmente, na minha frente, como se eu nada tivesse com aquilo e não tivesse nenhum direito aos bens. Estava tão apavorada e acuada, que sofria em silêncio; é impossível descrever o que eu senti e sofri ao ver as zibelinas e arminhos do pai, ou as jóias da mãe, ou então as pratarias da família, sendo apropriados por mãos alheias.

Por fim, quando certa vez ele pegou uma taça de ouro salpicada de diamantes, que eu guardava como um objeto sacro da família, pois que era um presente do czar Ivan, o Terrível, ao meu bisavô depois de Kazan[(38)] – então, não agüentei e, indignada, opus-me. Arranquei de suas mãos a taça e disse que não permitiria vendê-la, pois era uma lembrança muito cara. Meu Deus, para quê!

A minha sogra que estava presente e negociava o objeto com dois compradores lançou-se sobre mim feito uma bruxa; xingando e batendo-me no rosto, ela me expulsou do quarto. Fiquei alguns dias doente, com rosto inchado e dores de cabeça; deste dia em diante toda a família se pôs contra mim: eu era obrigada a trabalhar como a última das escravas, ou ficar sentada faminta, enquanto outros comiam. Oh, não houve humilhação que eu não tivesse suportado!...

A narradora foi interrompida por um acesso de pranto; mas, dominando a perturbação, ela prosseguiu:

— Assim que chegamos por lá, fomos instalados no andar inferior, num pequeno quarto, onde mal dava para se virar; depois, não sei por que razão, mudaram-nos para o sótão, ainda que ali fosse mais espaçoso e, de lado, houvesse um cômodo para as coisas. Até aquele dia eu não tinha tirado os meus ícones e, então, tirei; mas sabendo do que seria capaz a minha nova pátria, eu os coloquei num cantinho, onde acendi uma lâmpada. Esperava que pelo menos pudesse rezar como em casa, mas não foi isso o que aconteceu.

---

(38) Provavelmente uma referência à expedição de Kazan (1545-52), uma ação do exército russo, liderada pelo czar Ivan IV contra o khan Safa Girei. (N.T.)

Dois dias depois, uma das minhas cunhadas, que me vigiava mais que todos, viu os ícones e foi me denunciar. Até hoje tremo toda só de lembrar o que aconteceu!

Juntou-se toda a matilha; a mãe e principalmente os dois irmãos estavam fora de si, por eu ter ultrajado a casa honesta, rigidamente protestante, com "ídolos pagãos" e erigir-lhes um altar. Imediatamente a lâmpada foi arrancada e quebrada, os ícones tirados; Ulrich se pôs a desfechar gargalhadas selvagens, a arrancar os adornos salpicados de diamantes e pedrarias preciosas.

"Isso é porque" – dizia – "essas tábuas pintadas não precisam de tantas jóias."

Quando os ícones foram raspados de pedrarias, o seu irmão, Gotlib, foi buscar correndo um machado e começou a despedaçar com ele a imagem da Nossa Senhora, de São Sérgio e de São Nicolau, o Milagroso, e depois queimou tudo na lareira. Vendo toda aquela profanação e louca de horror e infelicidade, pus-me de joelhos diante deles e supliquei que me poupassem pelo menos os ícones, ainda que sem caixilhos; mas os monstros apenas riam feito celerados. Quando, então, eu gritei ao ver os objetos sacros queimando, uma das cunhadas começou a me espancar, enquanto a outra me despejou na cabeça um balde de água fria, para que eu ficasse acalmada. De repente, perdi os sentidos.

Desde então iniciei um novo sofrimento: os meus inimigos resolveram converter-me à sua fé. Além das persuasões da família, começou a comparecer um pregador – fanático, sinistro –, que elogiava a pureza e a superioridade da doutrina luterana, execrando a nossa fé ortodoxa o quanto podia. Antes aceitaria eu a morte a rejeitar a fé dos meus ancestrais.

Durante todos esses sofrimentos, nasceu o nosso filho. Todavia, arrumaram-lhe uma ama-de-leite e o mandaram para uma aldeia "para que eu não o contaminasse com meu leite bárbaro e crenças pagãs".

De todos os meus objetos sacros, salvou-se unicamente um crucifixo de ouro, com uma partícula da cruz do Gólgota, numa corrente de ouro; diante desse símbolo, que eu escondia ciosamente, eu rezava freqüentemente à noite ou quando tinha tempo livre. Oh, como eu suplicava à Mãe de Deus libertar-me do cativeiro ou enviar-me para a morte! Certa noite, chorei muito e orei tão fervorosamente, que a alma parecia se separar do corpo, e Deus atendeu as minhas preces. São Nicolau apareceu-me em sonho e anunciou:

— Daqui a alguns dias você abandonará a casa impura. Não se aflija, eu ficarei com você e a orientarei; sobre esta família desabará a ira divina.

— Quando acordei, em minha alma ressuscitou uma nova esperança. "Será possível que dentro de alguns dias eu ganharei a liberdade?" Imaginem, então, que certa tarde a minha sogra adoeceu, seu corpo cobriu-se de bolhas negras de varíola. Incrivelmente rápida, a doença contagiou a casa, acamando todos os membros da família; a enfermidade alastrou-se pela cidade, de forma que acharam que o mal fora trazido por algum caixeiro viajante. Eu estava sendo protegida pela Virgem e não peguei a doença. Compreendi que uma oportunidade para a fuga daquela casa, punida pela mão de Deus, jamais se apresentaria melhor; no entanto, estava muito apavorada e pedi à Virgem Santa que me desse um sinal de seus desígnios.

De repente – imaginem só! – ouço o tilintar dos sinos e um coral, entoando o canto dos querubins. Atinei que era o momento aludido por São Nicolau e comecei a arrumar as coisas. Juntando numa trouxa a roupa indispensável, atravessei o quarto do marido; ele estava delirando, enquanto a criada que cuidava dele estava fora. Tirei debaixo do travesseiro as chaves, destranquei o armário onde ele guardava o meu dinheiro e o resto das jóias; era meu direito pegar dos meus próprios bens aquilo que eu necessitava para a viagem. Apanhei dois saquinhos com ouro e pérolas da mamãe, dando promessa em ofertá-los ao ícone de Nossa Senhora; depois, enroleime na capa e saí de casa.

Ninguém reparou na minha saída, já sem mim havia muitas preocupações com o resto dos doentes. A noite estava escura, mas andei decidida até os portões da cidade. Ainda que não tivesse muita certeza de poder sair dela, uma vez que à noite seus portões eram fechados, confiei o meu destino ao Grande Protetor que me salvou daquela gente. De fato, naquela hora saía da cidade um mensageiro com uma ordem importante do burgomestre e os portões estavam abertos; na escuridão da noite, consegui escapar.

Não longe, ao longo de uma estrada, estendia-se uma floresta densa; temendo perseguição, resolvi ir pela floresta, margeando a estrada. A escuridão era tal que eu perdi o caminho; quando me dei conta disso, fiquei dominada de terror, mas essa fraqueza não demorou muito. O crucifixo de que falei estava pendurado no pescoço; pegando-o nas mãos, rezei fervorosamente e, imediatamente, obtive a prova de que uma oração sincera tinha alcançado o altar da misericórdia divina. Subitamente, naquela escuridão intransponível fulgiu uma luz azul, como que errante e tremeluzindo entre as árvores; indicava-me o caminho. Jamais eu me senti tão claramente sob a proteção celeste como naquela noite. Assim, sem medo ou cansaço, apesar da carga pesada, andei a noite toda e, de manhã, saí numa grande estrada pela qual cheguei rápido a um hotel.

A fadiga pela longa viagem era tão grande, que resolvi descansar e, assim, entrei. No saguão do hotel havia três viajantes e – imaginem a minha felicidade! – eles falavam em russo. O mais velho deles revelou-se ser um rico mercador moscovita – um negociante de peles –, enquanto os dois outros eram seus empregados. Assim que o bom velho ouviu o meu nome e soube dos meus infortúnios, prometeu me levar de volta a Moscou. Nós nos pusemos rapidamente a caminho; eu deixei com ele guardados o ouro e as pérolas, que ele me devolveu, assim que chegamos. Enquanto estávamos na Alemanha, fiquei apreensiva com provável perseguição; felizmente meus receios não se confirmaram e nós chegamos bem em Moscou, onde a minha querida madrinha me recebeu de braços abertos...

— E você não se queixou desse patife para o czar? – perguntou Elena, atônita e indignada com o relato.

Liza sorriu com amargura em resposta.

— Fui queixar-me e o soberano escreveu na minha petição: "Já que não soube amar sua nova pátria, nem preservar o amor do marido, que venda as terras restantes e entre no mosteiro. Deveria ser submissa e grata ao seu marido, que a aceitara – vulgar e inculta – para fazer dela uma mulher iluminada; no entanto, ela esgotou a sua paciência e recebeu o que merecia".

— Oh, Lénuchka, não case com um estrangeiro, caso contrário será tão infeliz como eu. É verdade, Deus puniu os meus algozes ímpios. Eu soube do mesmo mercador, que me salvou, que o meu marido e duas cunhadas morreram, a sogra ficou cega; enquanto o cunhado, Gotlib, congelou e depois amputou os braços e as pernas e está preso ao seu leito de morte. Talvez agora eu consiga recuperar, com o dinheiro, o meu filho e educá-lo na santa fé ortodoxa – Deus queira! –, mas a minha vida está destroçada e eu tomei os hábitos para até o final dos meus dias orar à Virgem.

Ela se calou e lágrimas ardentes rolaram em profusão por suas faces. Pálida e desolada, Elena ouviu-a e, sem mais se conter, também desabou em pranto.

— O que eu vou fazer, meu Deus?! – balbuciou ela em voz entrecortada, como que se sufocando. – O que vou fazer? Artemy com a minha tia estão me assediando com esse casamento e Gleb me rejeitou: não sou mais sua noiva.

— Reze e tenha fé em Deus! Ele lhe mostrará o caminho e a levará à salvação. Deus a está testando, minha criança, e você deve se submeter à Sua vontade e orar, só orar. Somente as lágrimas e sofrimentos nos depuram, libertando-nos do azáfama cotidiano e tornando-nos dignos da morada celeste.

A voz da madre superiora soava imperiosa e severa; como que para dar ênfase às suas palavras, ela depositou a mão na cabeça de Elena. A moça ajoelhou-se e, apertando-se ao peito da tia, sussurrou:

— Tem razão, tia! Que seja feita a vontade de Deus! Orarei com todas as forças de minha alma e pressinto que o caminho certo é obedecer à vontade do Pai.

VI

Triste e cabisbaixo seguia Danila Petrovitch a noviça que o levava à madre Prascóvia. De súbito, num cruzamento das veredas, ele estacou, olhou perscruto para o lado e, tirando o gorro, inclinou o talhe em reverência, tocando com as mãos na terra. A alguns passos, estava sentada no banco lateral uma monja, descansando as mãos sobre as muletas.

— Como está, czarina Marfa Alekseevna?

A monja levantou a cabeça e olhou severamente para Danila Petrovitch; mas, imediatamente, o seu rosto desanuviou-se.

— Ah, Danila Petrovitch! Como vai, príncipe? – já com um sorriso, ela perguntou, meneando amistosamente a cabeça. – Logo se vê que você é um homem de preceitos antigos, não dos novos, pois que me chama – a mim, órfã e perseguida – de czarina. Oh, ainda que eu seja a filha do czar, a mesma Alekseevna, não sou mais czarina, mas simplesmente uma rebelde presa – Margarida, e só... Veio visitar a nossa madre enferma, Porfíria? Parece que ela ficou melhor depois da minha infusão.

— Graças a Deus, está melhor! Deixei a minha filha com ela para receber uns conselhos e estou indo receber uma bênção da madre Prascóvia.

— Vá, vá, isso é bom! A anciã é digna e muito inteligente. Há tempo de sobra, sente-se aqui comigo para conversarmos. Neste ínterim, Maria vai perguntar se a asceta já não se recolheu.

A noviça fez uma reverência e retirou-se; o príncipe sentou-se ao lado da monja.

Marfa Alekseevna, filha do czar, o Pacifíssimo, das primeiras núpcias com Miloslavskaya, era uma mulher de estatura média, de cerca de cinqüenta anos. Seu rosto cheio e viçoso, emoldurado por gorro de pele, estava corado do frio, e os grandes olhos castanhos inteligentes fitavam pensativamente o interlocutor. Já havia um ano que ela fora mandada pelo irmão Pedro[(39)] ao monastério feminino de Assunção por ter participado da rebelião dos *streltsy*[(40)] e mais tarde tomou os hábitos de monja, sob o nome de Margarida[(41)].

— Bem, conte-me as novidades de Moscou.

— Novidades há muitas, mas nenhuma boa.

— Presumo estar, junto com o irmãozinho, transformando o país para as inovações? Fazendo ruir o sistema antigo? Bem! O urso sabe se cuidar – ironizou, sorrindo, a czarina.

— Concordo: há muita coisa para ser mudada ou corrigida, mas as violências das mudanças do czar semeiam rebelião nos corações e mentes.

---

(39) Pedro, o Grande, era filho do czar Aleksei Mikhailovitch, do segundo casamento com Natália Kirillovna Narychkina. (N.T.)

(40) Rebelião, em 1698, dos regimentos de streltsy contra as transformações progressistas de Pedro, o Grande. (N.T.)

(41) "Descrição histórica e arqueológica do mosteiro feminino de Assunção". A. L. Notícias arqueológicas e históricas, 1885, 3a edição. (Nota do Autor)

— Não está sendo fácil então para vocês? E por que, então, quando podiam, não se manifestaram nem resistiram? Por que de si se esqueceram? Se meu irmãozinho não tivesse começado a introduzir suas idéias, antes de ter acertado o acordo com *streltsy*, a vitória não estaria de seu lado[(42)]. Os *streltsy*, ainda que fossem pessoas incultas, ficaram magoados; há um provérbio que diz: "O mujique sabe quem para ele late". Por isso é que o czar sempre viveu em harmonia com os alemães, para que antes pudesse acabar com o poder de *zemstvo*[(43)]. E, agora, ele faz o que quer; quem vai se opor? Alguns, com medo ou por buscarem vantagem própria, suciam em tudo com ele, nem que seja para serem seus palhaços da corte, enquanto outros, ainda que se indignem e se rebelem, o fazem sempre à socapa, isoladamente...

A czarina meditou um pouco e prosseguiu:

— Meu pai não era assim: não agia arbitrariamente; o povo participava nas questões da pátria.

— Sem dúvida. Seu pai tinha muitos planos grandiosos. Deus lhe desse mais vida e tudo seria como se deve; mesmo assim, ele deixou-nos um belo legado. Deu início à construção de navios em Dedinov, promoveu mudanças no exército, criou cavalaria e infantaria e, o mais importante: solidificou o comando interno, criando sete departamentos, além de criar um código penal para o povo. Fora isso, expandiu as fronteiras do reino, transferiu gente para a Sibéria, descobriu russos de grande valor, como Khabarov[(44)], Bulyguin, Stepanov. Enquanto hoje, o czar designou para dirigir o departamento siberiano um estrangeiro – Vinius; ainda que ele tivesse aceitado a nossa fé, pelo lado do pai, a sua alma continua alemã. E le-

(42) G. V. Essipov. "Cisão do séc XVIII" (Nota do Autor)
(43) Órgãos regionais de gestão fundiária, criados em 1864. (N.T.)
(44) Camponês russo que se tornou grande navegador e explorador. (N.T.)

vam-lhe os *voievodas*[45] siberianos tributos substanciais... Andrei Andreevitch conhece o preço daqueles locais.

— Há pouco me lembrei do concílio... Bem, agora não temos mais nenhuma esperança de que o czar conclame o concílio[46] de *zemstvo*. Ele e seus amáveis alemães sabem perfeitamente que o povo, o clero e os boiardos, aqueles que ainda não perderam o resto da vergonha, não ficarão de seu lado e, preservando nos recônditos a consciência russa, jamais deixarão os feitores reformarem o sistema fundiário.

— Diga-se de passagem – e o príncipe soltou um riso amargo – que o czar se preocupa com o bem-estar do povo e "para a glória e a beleza da pátria" – como vem escrito em seus decretos – também instituiu um "concílio", mas só que... histriônico, zombando daqueles – do avô, do pai e do irmão – que tanto contribuíram para a governabilidade. Ele se intitulou de "arquidiácono santíssimo", qualificou o boiardo de Duma, Moisseitch[47], de "patriarca de Iauza[48] e Kokui[49]". No início do ano, o czar, como os seus bobos da corte, inventou uma nova travessura: "abençoar", em homenagem ao deus pagão Baco, um palácio mantido pelo governo, temporariamente chamado de "Palácio de Lefort". Para isso, o sumo sacerdote Zotov vestiu os asquerosos trajes característicos, empunhando sua mitra, em que resplandecia Baco em toda a sua nudez como que lembrando sua devassidão; no cajado, representavam-se Cupido e Afrodite, para que todos vissem o tipo de rebanho que tinha aquele pastor. De dois cigarros cruzados, montaram um crucifixo, com a qual aquele ator foi abençoando o públi-

---

(45) Chefes militares e governadores das províncias na Rússia, nos séculos XVI-XVIII. (N.T.)

(46) Assembléia em que se tratavam as questões fundiárias. (N.T.)

(47) Nikita Moisseitch Zotov. (Nota do Autor)

(48) Afluente do rio Moscou. (N.T.)

(49) Aldeia montanhosa atrás do lago Baikal. (N.T.)

co. Ainda bem que o embaixador do czar, por respeito à fé cristã, recusou-se a profanar os preceitos da Santa Igreja[(50)].

— Não há mais respeito à Igreja. Deus dera que a fé ortodoxa não se exaure!.. É um histrião esse nosso czar – e a czarina sorriu com desdém. O povo não está para riso com a destruição do sistema antigo. E se são difíceis para nós os ventos estrangeiros, como o será para os *raskólniki*[(51)], que veneram as tradições mais que nós?

— Oh, depositamos excessiva confiança nos estrangeiros e nas crenças de fora, permitindo que eles façam o que queiram. Não é uma coisa boa chamar e permitir que os estrangeiros se misturem ao povo e sejam naturalizados; suas migrações para cá nem sempre dão certo, apenas favorecem aos inimigos. Tudo que eles pensam de nós escrevem em seus livros injuriosos. Haja vista alguns deles como Herbesten Gigemont, Antony Possevin, Pavel Ioviuch, entre outros; há pouco Oleary ou Petrei, falha-me a memória, inventaram toda a sorte de injúrias contra a Santa Rússia, expondo-nos como um povo desprezível e asqueroso. Os alemães nutrem por nós um ódio violento, pois que lhes é aversivo o nosso estilo de vida, simples e sem desperdícios, já que nós nos contentamos com pouco; eles tentam destruir as nossas bem-aventuradas tradições para perambular pelo reino todo, como se em suas estalagens, e, introduzindo luxo e devassidão, pudessem despojar-nos da honra, do bom nome e de nossos recursos vitais, como o fizeram com os letões e húngaros; agora estes não possuem nem ordem nem governo. É preferível uma terra estéril, mas com o povo puro[(52)].

---

(50) Korb. (Nota do Autor)

(51) Partidários do cisma religioso, adeptos dos ritos antigos da igreja ortodoxa. (N.T.)

(52) Iu. Kryjanytch – "Política". (Nota do Autor)

— "Conheçam-se a si mesmos e não confiem nos estrangeiros!" – dizia Iury Kryjanitch. – Talvez você já tenha ouvido falar dos escritos dele, príncipe?

— Claro; conheci-o pessoalmente em Tobolsk, quando eu estava com o boiardo Piotr Mikhailovitch Saltykov. É um homem de inteligência rara e seus escritos são famosos em Moscou; falou-se muito deles na época.

— Infelizmente seus conselhos não deram em nada, então, e hoje ninguém lhes dá a menor importância.

— É compreensível. Krijanitch era de ascendência eslava, não suportava o espírito alemão; ele, já na própria pátria, experimentou a "boa fama" desses alemães. É! Já que o czar Pedro ficou com tanta vontade de trazer um sistema alienígena ao nosso país, deveria tomar de exemplo um outro país. Aproveitando sua permanência no reino inglês, ele poderia ter captado muita coisa boa, já que o sistema deles tem muita semelhança com as nossas tradições. O rei inglês governa o povo da mesma forma que antigamente os príncipes russos governavam, utilizando as assembléias populares, ou, há pouco, os concílios. Lá, desde longa data, favorecia-se as questões da terra e, conseqüentemente, havia confiança e mais liberdade. O jovem czar, assim que foi ao estrangeiro, não sabia o que escolher; ofuscado com as maravilhas, tomou ouropel por ouro puro. Pois nos reinos germânicos, assim como em outros, há muita desordem, insubordinação e opressão; copiar seus regimes em bloco, sem repensá-los, não se pode, já que nessa parte bastam as nossas porcarias.

— O meu irmãozinho gaba-se de estar disseminando a luz. Afora o meu pai – em cuja época houve muitos defensores das reformas, inclusive estrangeiros respeitados –, podemos citar Boris Ivanovitch Morozov(53), assim como o amigo do czar,

---

(53) Boris Ivanovitch Morozov (1590-1661), boiardo, que governou interinamente a Rússia em meados do século XVII, foi educador do czar Aleksei Mikhailovitch, pai de Pedro, o Grande. (N.T.)

Naschokin, ou Sergueevitch[54]. Mesmo no reinado da minha irmã[55] não se era contra os modismos estrangeiros, quando úteis; só que Sofia tinha tendências diferentes. Em seu reinado, a iluminação era latina – o que é compreensível. A Igreja Romana não contém imoralidade, não rejeita princípios ecumênicos ou tradições sacras e ancestrais, não declina do Evangelho, como os hereges luteranos que se instalaram por aqui; assim, devemos nos relacionar e não rejeitar os latinos.

— É uma grande verdade! A sedução germânica para a corrupção das mentes levará a toda sorte de heresias. Primeiro, a heresia dogmática como as doutrinas contrárias aos santos padres e à fé ortodoxa, os equívocos que profanam a devoção e impedem a salvação; segundo, as heresias, contrárias aos interesses do Estado, que fazem desabar a honra e a glória dos povos, sem contar as heresias ocultas, como as de servir aos demônios. Não só no meio dos cristãos, mas em todo o mundo, não houve tantos feiticeiros famigerados como entre os alemães; ninguém tem tantos livros profanos e imorais como nas terras germânicas. Talvez o jovem czar experimentou da incredulidade fascinante, quando conheceu a sociedade oculta, chamada de "Pedreiros Voluntários". Além de eles venerarem e servirem ao diabo, empenham-se em acabar com a fé em Deus e subjugar os dirigentes e os povos; é por isso que eles puseram gente sua em todos os lugares. E assim devemos desconfiar desses bajuladores do czar, sobretudo os alemães. Ainda que eles tenham medo de professarem abertamente a sua doutrina

---

(54) Artamon Sergueevitch Matveev (1625-1682), boiardo, estadista e diplomata russo. (N.T.)

(55) Sofia Alekseevna (1657-1704), filha do czar Aleksei Mikhailovitch, do casamento com M. I. Miloslavskaya, governou a Rússia entre 1682-89. Após a Revolta dos Streltsy, em 1698, foi enclausurada no mosteiro de Novodevitchye, onde mais tarde tomou os hábitos e onde também faleceu. (N.T.)

do mal, com sua retórica candente, eles podem seduzir pessoas de pouco tino. Entretanto, Deus desmistifica, não raro, os apóstatas. Dizem que Lefort pernoitou na casa de sua amante alguns dias antes da morte; tamanha foi a orgia no quarto, que assustou os familiares.

— Sim! O filho não puxou os pais. Natália Kirillovna, ainda que experimentasse o espírito estrangeiro na casa dos Matveev, não permitiu que a estrangeirada a assediasse.

— Nem diga! O czar-paizinho falecido era de índole equilibrada, um soberano assaz decente; sabia ser rigoroso e tolerante ao mesmo tempo; era esperança de todos, sem infundir o medo. Não digo isso só por estar diante da filha dele; são palavras de um estrangeiro, Iakuba Reitenfels. O czar preferia isolamento e, quando se divertia, fazia-o como cabia à sua posição: caçava, assistia aos espetáculos teatrais, que eram do gosto também de sua esposa e filhos...

— E não se embebedava com os marujos estrangeiros por noites inteiras, nem vivia freqüentando os casamentos dos mercadores estrangeiros. Não vai demorar muito, ele acabará encarcerando sua esposa legítima num mosteiro e tomará como czarina nova alguma das mulheres perdidas da comunidade alemã.

— Deus guarde disso! E assim que o jovem czar "provar da bebida fermentada" – como diz o padre Varnava –, solta os punhos e dá umas boas tundas em seus asseclas; sobra até para Aleksachka[(56)], ainda que seja um dos seus queridinhos[(57)].

— E em sua ira também é muito violento, não perde para o czar Ivan[(58)]. Como pode um czar ortodoxo, mantendo carrascos do meio do povo, executar ele mesmo os seus adver-

(56) Aleksandr Danilovitch Menchikov (1673-1729), filho de uma cavalariço da Corte, ordenança de Pedro, o Grande, mais tarde príncipe (1707) e generalíssimo (1727). (N.T.)

(57) Korb. (Nota do Autor)

(58) Alusão a Ivan, o Terrível. (N.T.)

sários ou culpados pela desobediência? Ele ainda conclama os embaixadores estrangeiros para assistirem àquele espetáculo vexatório[59]. Em que outro país já se viu isso?... Bem, príncipe, falei tanto que até estou com medo que lhe aconteça algo por conversar com uma prisioneira revoltosa. Lá vem a irmã Maria para buscá-lo. Adeus e tenha muita saúde!

— Que Deus a abençoe, czarina!

Marfa Alekseevna dirigiu-se pela trilha em direção à casa cercada por paliçada, que se via ao longe; Danila Petrovitch, que a reverenciara respeitosamente, tornou a sentar-se no banco e mergulhou em pensamentos.

Suas reflexões foram interrompidas pela noviça que se aproximara.

— Por favor, príncipe! – disse ela.

Danila Petrovitch ergueu-se lentamente e seguiu-a cabisbaixo.

Eles atravessaram os portões do mosteiro e adentraram um bosque de pinheiros, contíguo às paredes da morada das monjas. Logo, atrás da curva da trilha, assomou-se uma pequena *isbá*, que servia de cela para a vidente. Junto ao portão, num monte de neve, viam-se fincados três espantalhos; a porta de entrada estava trancada e, sobre ela, fixada à parede, uma imagem da Nossa Senhora, diante da qual ardia uma lâmpada.

— Olhe, príncipe! Esta lâmpada jamais se apaga, haja o tempo que houver. A irmã Prascóvia deve ter se trancado, porque não quer ver ninguém; pois, quando eu vim, as janelas e a porta estavam abertas – disse a noviça, aproximando-se da janelinha para olhar para dentro.

Neste instante, de dentro da isbá ouviu-se uma voz sonora.

— Entre, Danila Petrovitch, eu o estava esperando! E você, irmã, volte ao mosteiro, preciso conversar com o príncipe a sós.

---

(59) Fokkerodt. (Nota do Autor)

Dominado por um medo supersticioso, Danila Petrovitch adentrou um pequeno quarto, praticamente vazio; ali se viam apenas dois bancos de madeira, um pequeno, um outro um pouco maior, e uma mesa, coberta por toalha branca, na qual jazia o pão eucarístico e um jarro de água. No canto, viam-se pendurados diversos ícones.

O príncipe rezou para as imagens e curvou o talhe em reverência a Prascóvia.

Ela era uma velha magra, com rosto sulcado de rugas macilentas; seus olhos escuros ardiam de expressão e brilho estranhos. Nas mãos tilintava uma corrente de ferro.

— Oh, meu amigo desditoso! Não quis você se atrelar à carruagem ignominiosa de Satanás com sete pecados capitais na boléia, que escarnece da fé e profana a cruz, e o povo se lhes prostra, venerando a força dos vícios e vendendo a sua alma por ouro... você não quis?... Isso é bom! Mas como é dura a provação que lhe envia Deus, que injúrias e humilhações dos forasteiros o aguardam!...

Subitamente ela soltou um grito desatinado e recuou; seus olhos esbugalhados parecia terem visto algo medonho.

— Oh, que má sina! Oh, que dia fatídico! Vejo sangue em você, e que sangue!... Melhor você não ter nascido!... É terrível a sua provação... calabouço e tortura o ameaçam. Perderá um filho, mas ganhará uma filha.

Danila Petrovitch cambaleou ao ouvir essas palavras e premeu as mãos ao peito.

— Deus misericordioso, o que eu fiz para merecer a sua ira?... Sempre procurei viver conforme Suas leis, servi honestamente a Você e à pátria...

Ele se recostou na parede, cerrou os olhos e pelas suas faces escorreram lágrimas cálidas; entretanto a fraqueza não perdurou muito e Danila Petrovitch se recompôs. Ao ver que Prascóvia caíra de joelhos diante dos ícones, ele também se ajoelhou perto dela e uma prece ardente ascendeu-se do seu coração aflito. Ele se entregou à prece, entregando submisso em mãos de Deus seu destino e sua vida, e este ímpeto de exaltação da fé levou sua alma longe da terra com seus sofrimentos.

Prascóvia levantou-se e olhou meditativa para ele, em seguida pôs-lhe as mãos na cabeça e no ombro. Danila Petrovitch estremeceu e virou-se para ela.

— Não chore, príncipe, Deus ouviu suas preces. Ele vê seu coração íntegro e puro, e a Rainha Celeste cobriu-o com o manto de proteção. Mas prepare-se para a longa jornada: em menos de três auroras você se alçará ao outro mundo...

O olhar inspirado e perscrutador tornou-se afável e a voz, habitualmente severa e ríspida, soava profunda e meiga. Danila Petrovitch empalideceu, mas benzendo-se com um sinal-da-cruz dilatado, dobrou o talhe por três vezes, de joelhos.

— Oh, Deus, seja feita Sua vontade! – disse ele em tom comovido.

Levantando-se, ele agradeceu a bem-aventurada e pediu que ela rezasse por ele – o que ela prometeu fazer.

— Vá em paz – acrescentou ela, acompanhando-o até a porta.

Subitamente, ao ver pela porta entreaberta os espantalhos fincados, ela ficou dominada por fúria ensandecida. Saindo para fora, começou a correr e saltitar em volta, chutando-os com os pés.

— Alegre-se e vibre, bando ignominioso de forasteiros! Vocês têm mais um inimigo vencido! Mais um servo fiel da Santa Rússia foi sentenciado à morte...

Agarrando uma vassoura perto do portão, Prascóvia começou a desferir golpes nos espantalhos, derrubou-os, pisoteando-os. A crise de loucura foi aumentando: da boca escorria espuma e os olhos saltavam das órbitas. Subitamente, como que ceifada, ela tombou inânime sobre o chão.

A irmã Maria, que esperava não longe do bosque, foi correndo em socorro e ajudou o príncipe a levar Prascóvia para a cela, onde a entregaram aos cuidados de uma irmã de cela. Em seguida, os dois, a noviça e Danila Petrovitch, dirigiram-se ao monastério.

O príncipe encontrou a madre superiora ainda com Elena. Pedindo que a filha se retirasse, narrou o encontro com Prascóvia e as suas predições.

— Não quis Deus tomar minha vida antes, no campo de batalha; agora me chama a Si... Bem... Morrerei também na luta pela pátria, por sua glória e tradições, contra o inimigo insolente. Abençoados sejam Seus sábios desígnios!..

Madre Porfíria desabou em pranto.

— Não chore, irmã – dirigiu-se a ela meigamente. – Cada um de nós deve estar pronto para atender ao chamado de Deus. Por acaso não somos aqui visitas fugazes? Para mim, pelo menos, o Todo-Poderoso brindou com graça especial, indicando-me a hora da ida, para que eu pudesse preparar-me dignamente. Ficarei aqui por mais um dia, pois gostaria de passar esse tempo em preces, comungarei de manhã e depois partirei a Moscou, onde aguardarei pela vontade de Deus.

Após breve conversação com a madre superiora, Danila Petrovitch retirou-se para a igreja, onde, em jejum, orações e arrependimentos, passou o dia e a noite; depois confessou e comungou na hora da liturgia. Após uma refeição frugal com a superiora, ele despediu-se e partiu.

Elena dormiu mal aquela noite. A narrativa de Liza deixou-a deprimida; ela rezou longamente, chorou muito e, em sua alma, amadurecia lentamente uma decisão firme: a de que melhor seria aceitar os hábitos do que casar com o barão. Além disso, afligia-a um medo indefinido e um receio febricitante, que ela não podia explicar. Esse sentimento perturbador aumentou ainda mais durante a refeição, antes da partida do pai, quando ela notou o nervosismo incompreensível e as lágrimas silenciosas da tia, assim como uma expressão inexplicável nos olhos do pai. A despedida também foi estranha e incomum, mais comprida e comovente.

Com coração opresso e mau pressentimento, ela subiu na carruagem que partiu para Moscou.

VII

Ao saber que a irmã não iria ao baile, Artemy ficou possesso, tanto quanto também ficaram Anna Petrovna e o barão. Nenhum deles duvidava, entretanto, que desse modo ou outro eles alcançariam seus objetivos; a teimosia de Danila Petrovitch, todavia, deixava-os furiosos, fazendo com que quisessem vingar-se dele e de Gleb. Assim, o ilustre sobrinho e a tia empenharam todos os recursos na Corte para tirar do caminho ambos os homens insubordináveis.

Dorfgame, por sua vez, prometeu recorrer às pessoas influentes e, na família dos Monsov, garantiram-lhe apelar diretamente ao czar.

O barão era um dissipador arruinado, se bem que de estirpe nobre; seus parentes da Curlândia mandaram o pândego empobrecido para a Corte do czar reformista, onde ele poderia emplumar-se e até fazer uma carreira. Sendo um alemão da gema, ele odiava e desprezava a Rússia e os russos; mas, é compreensível, tal ódio não se estendia à bela e, principalmente, rica herdeira, alvo de sua conquista, casamento com quem era assaz vantajoso.

No dia do retorno de Danila Petrovitch com a filha, Dorfgame com dois amigos foram para a casa de um conterrâneo que conseguira adquirir uma casa própria perto da entrada da cidade. Eles precisavam passar por uma praça diante dos portões fortificados, onde havia um posto de sentinela e alguns soldados palreavam em voz baixa; bem ao lado dos portões estavam sentados, num banco, dois guardas que fumavam. Desde a tarde, havia nevado muito e o vento juntara enormes montes, de modo que a caminhada era difícil. Dorfgame e amigos venciam o caminho lentamente em fila indiana, trocando gracejos, quando, de súbito, emparelhando-se com o banco, um dos alemães escorregou e espatifou-se no chão. Sua queda foi recebida com uma explosão de gargalhada; ele ficou todo coberto de neve.

Os guardas correram para acudir, levantaram-no e ajudaram a sacudir a neve; mas, ao receberem pelo empenho um agradecimento seco, voltaram para o banco, acompanhando os alemães com olhares de desprezo.

— Viu só os patinadores?! – resmungou um deles, acendendo o cachimbo.

— Ouça, Terenty! – disse o outro. – Notou o casaco do alemão? Viu de que é feito?

— Como não! Brocado vermelho de primeira, igual o que nós tosamos outro dia do boiardo. Vou lembrar por muito tempo. Ele me brindou com tal bela bofetada, que fiquei uma semana de cara inchada.

— Isso passa! Sua cara sarou, o importante é que o alfaiate pagou bem pelo brocado. O pior é que agora passam poucos boiardos. É uma monotonia, justo agora que estamos acostumados a cortar-lhes as barras.

Terenty escangalhou-se em riso.

— Há-há-há! Pegou o gosto. O trabalho é rentável, não podemos nos queixar: os alfaiates pagam bem pelas barras de brocado para fazer coletes; os barbeiros – pelas barbas para perucas. Há-há-há! Isso é que são tempos novos! Antigamente se dizia que "quando os patrões brigam, os criados apanham"; hoje em dia, as barbas dos boiardos vão para as perucas dos criados.

Passou-se meia hora e os guardas continuavam a fumar, agora calados, trocando vez ou outra umas palavras. Subitamente Terenty deu uma cotovelada no companheiro.

— Olhe, Mitiukha! Deus deve ter ouvido seus queixumes. Lá vem se aproximando uma carruagem com um velho boiardo de barba branca e uma mulher envolta em manto. Devem ser de estirpe nobre, pois são acompanhados por três ginetes de guarda. A presa vem direto ao seu caçador. Vamos rápido!

Ele assobiou e correu em direção à pesada carruagem de Danila Petrovitch que, mergulhando em buracos, arrastava-se lentamente pela estrada. Atendendo ao chamado, os soldados acercaram-se dos ginetes e, agarrando os cavalos pelos arreios, gritaram a pulmões cheios:

— Parem!... Parem!...

Imediatamente a carruagem foi cercada, as portinholas abertas e o príncipe com a filha retirados para a neve. Inutilmente o príncipe Ilya e os criados tentaram se defender; todos foram dominados e Danila Petrovitch foi arrastado pela praça aos gritos:

— Gosta de desobedecer ao czar, não é?... Espere só, nós lhe daremos uma lição.

Uma multidão de soldados cercou Danila Petrovitch, dirigindo-lhe ofensas.

— Nós o soltaremos em paz, paizinho, só lhe apararemos as barras do *kaftan* e diminuiremos o tamanho da barba – dizia um.

— E não cobraremos nada pelo serviço – motejou um outro, arrancando uma gargalhada dos companheiros. – Somos alfaiates e barbeiros do czar.

Durante a cena que se desenrolava, Dorfgame com os companheiros saíam da casa do amigo, onde se regalaram de comida e bebida. Eles viram na praça uma multidão e, ao notarem o coche detido, atinaram o que estava acontecendo.

— Vamos rápido dar uma olhada como se faz um *kaftan* moderno para um desses bárbaros – gritou Dorfgame.

Ele correu em direção à multidão e pôs-se energicamente a abrir o caminho para a passagem.

No meio das pessoas que seguravam alguém, cujas barras de *kaftan* eram cortadas, o barão não havia reconhecido Danila Petrovitch; além do mais, o espetáculo não lhe era de todo inusitado, pois presenciara por várias vezes esse tipo de justiçamento. Neste ínterim, ele viu uma mulher envolta em manto que, desesperada, torcia as mãos e tentava inutilmente passar através da multidão para acudir a pessoa, vítima da violência.

O alto e esbelto talhe e a densa trança loira que escapava da manta seduziam Dorfgame, sempre pronto a arrastar as asas por qualquer mulher bonita; o vinho profusamente bebido também lhe incendiara a imaginação.

Largando os amigos que gritavam e achincalhavam o príncipe, ele correu em direção à mulher sob a manta e se lhe pôs no caminho.

— Espere, minha beldade, mostre-me o seu rostinho e me brinde com um beijo. Já foi o tempo de vocês se esconderem sob o véu como as turcas.

A mulher estacou imóvel e jogou os braços como que querendo empurrá-lo; esse, com riso insolente, agarrou-a pelo manto, arrancou-o e tentou beijá-la; mas, subitamente empalideceu, balbuciando desculpas. Diante dele, assomava-se o rosto de Elena, cadavericamente pálido, que o fitava com olhar de desprezo e ira.

Esta cena muda foi interrompida por Danila Petrovitch.

Com *kaftan* em frangalhos, com barba cortada pela metade, ele conseguiu se livrar das mãos da soldadesca e lançou-se, espumando pela boca, sobre o barão, ao ver que este tentava abraçar a filha.

— Canalha! – urrou ele, brindando Dorfgame com um par de boas bofetadas.

Soltando sangue pela boca do ataque inesperado, o barão cambaleou e caiu na neve.

— Ach, du, altes nichtswürdiges russisches Schwein! Du wagst deutschen Edelmannzu schlagen?(60) – gritou um dos alemães, atirando-se sobre o príncipe.

Apesar da força hercúlea do príncipe, os três alemães enfurecidos conseguiram derrubar o velho, que recebeu uma chuva de chutes e golpes de bastões; eles cuspiam-lhe no rosto, pisoteavam e chutavam com os pés; a violência era acompanhada de palavras chulas. Mas Danila Petrovitch já estava inconsciente.

Provavelmente eles o teriam matado, se o povo que então se juntara não tivesse tomado o partido do príncipe. Ouviram-se ameaças em voz alta e maldições dirigidas aos alemães; ergueram-se punhos e a multidão começou a estreitar o cerco aos heróis daquela cena ignóbil.

Os alemães decidiram que provavelmente era mais seguro sair dali; insolentes, eles ameaçaram fazer queixa ao czar, e a multidão, assustada, deixou-os sair.

Nesse ínterim, os criados do príncipe ergueram Danila Petrovitch e o levaram para a carruagem; Elena também tomou apressada o assento, e o carro, sem dar muita importância ao caminho esburacado, desembestou em direção a casa.

---

(60) Ah, seu velho e vil porco russo! Você ousa bater num cortesão alemão? (Nota do Autor)

No caminho, Danila Petrovitch recuperou os sentidos, mas já, ao pôr o pé no degrau da escada, cambaleou feito ébrio, de modo que Ilya e Antip tiveram que ampará-lo.

A numerosa criadagem que se juntou para receber o senhorio ficou assustada e emudecida ao ver o rosto desfigurado do príncipe, sua barba cortada pela metade e os trajes esfarrapados; a velha Matriona não conseguiu conter um grito de pavor.

Como se tivesse acordado de um sono profundo, Danila Petrovitch estremeceu, parou no patamar superior da escada e voltou-se para a criadagem ajuntada. Com o olhar irado e dardejante, esquadrinhou os presentes e soltou uma gargalhada estridente e amarga.

— Vejam e admirem como é homenageado um velho servo do czar e da pátria, só porque ele não quis vestir um *kaftan* germânico. Nem um vagabundo merece ser tratado assim; os alemães – esses cães imundos – cospem-lhe no rosto, arrancam os véus de nossas filhas e as achincalham. Há-há-há! Lembrem-se bem como rendem homenagens, hoje em dia, aos príncipes russos!

Ele se virou e foi ao aposento, onde os criados o vestiram em roupa limpa; em sua barba torta, ele não quis, contudo, que ninguém mexesse.

Perguntando do filho, soube que Artemy, ainda na véspera, saiu com um amigo, mas deveria voltar naquela noite. Ordenando que lhe mandassem o padre Varnava, Danila Petrovitch trancou-se com ele no quarto, dando ordens expressas para não ser incomodado.

Toda em lágrimas, Elena se atirou nos braços da babá e a velha, com meiguice materna, pôs-se a acalmá-la e a levou ao quarto; mas os nervos de Elena não suportaram tanta tensão. Já no quarto, a princesa deixou-se cair na poltrona e chorou convulsivamente até que, depois de chorar à vontade, ela se acalmou, com a cabeça deitada no colo de Matriona que a afagava e balbuciava palavras de consolo.

Finalmente, Elena se ergueu, esquadrinhou com o olhar cansado o quarto e, ao ver junto à parede o espelho com moldura dourada, estremeceu, seus olhos faiscaram e as sobrancelhas franziram-se.

— Pegue todos os vestidos e os demais trapos, presentes da tia, embrulhe o espelho e mande tudo de volta, juntamente com a camareira estrangeira. Nunca mais eu vestirei essa sem-vergonhice, causa de tantas ofensas para mim e meu pai – explicou ela, ao ver o rosto surpreso da babá. Juro-lhe diante da Nossa Senhora – e ela apontou para a imagem que pendia no canto – que até o fim dos meus dias jamais usarei outros trajes, senão os que me costurara a minha mãe.

— Oh, minha princesa querida! Meu raio de sol! Deus a abençoará por isso! – animou-se Matriona, chorando de alegria.

A velha pôs-se imediatamente a juntar as coisas.

Ao ficar sozinha, Elena sentou-se junto à janela e começou a meditar. Já não chorava, mas o coração doía de amargura rancorosa, jamais antes vivida, e do amor-próprio ferido. Ela se indignava só de pensar na violência selvagem, vítimas da qual eles foram no posto fronteiriço, e esse sentimento amargo de ultraje dilacerava sua alma. Ela queria gritar, o tanto que tinha pena do pai humilhado, acostumada a vê-lo sempre respeitado, enquanto as mãos da soldadesca vulgar trataram o príncipe como o último dos vagabundos.

— E esse cão, Dorfgame – dizia ela para si –, ousou ainda cuspir-lhe no rosto e ofender-me, arrancando o manto e exigindo um beijo na rua, diante do povo... Ele não reconheceu aquela a quem cortejara, mas, só pelas vestes, deveria saber que diante dele estava uma mulher nobre, não uma criada qualquer...

Seus punhos se crisparam e novamente ela foi dominada por fúria e desprezo.

— Então é assim que é esse "cavalheiro", esse "cavalheiro refinado", tão elogiado pela tia, a quem prometeram me vender? Externamente é um doce; mas, na verdade, um homem vulgar e selvagem. E eu?! Quase o troco por Gleb. Graças a Deus, compreendi a tempo! Não valem todos esses insólitos modismos, esses costumes estrangeiros que medram agora na Rússia. Isso só aviltou os nossos e fez com que nos humilhássemos diante da estrangeirada insolente...

Algum tempo depois, Matriona veio sorridente e informou que toda a porcaria alienígena, junto com a camareira, deixaram a casa; anunciou também que o príncipe se trancou com o padre Varnava, pedindo para não ser perturbado.

Elena ficou sozinha e aos poucos sua perturbação foi amainando; durante a noite, porém, ela não conseguiu conciliar o sono e, só de madrugada, esqueceu-se num torpor pesado e inquieto.

VIII

No dia seguinte, o príncipe Danila Petrovitch não saiu do seu quarto, pois não se sentia bem; doía-lhe a cabeça e uma grande fraqueza dominava o seu corpo. Estava vestido, como habitualmente, em trajes tradicionais russos; Antip foi proibido de tocar em sua barba semitosada.

— É assim eu quero ser enterrado – resmungou ele.

Afundado na poltrona e apoiando a cabeça com a mão, ele ouvia calado o padre Varnava ler monotonamente o Evangelho. Sobre a mesa, via-se uma bilha e uma taça de prata maciça, meio vazia de vinho.

Danila Petrovitch estava tão entretido em pensamentos que não notou a chegada da filha, que se ajoelhou ao seu lado e, pegando-lhe a mão, premeu-a aos lábios.

— Paizinho querido, perdoe-me por ter lhe causado tantos desgostos – disse Elena meigamente, pálida e febricitante de perturbação. – Conscientizei-me da minha cegueira insana e juro-lhe que nunca mais os estrangeiros me seduzirão com seus costumes. Os ultrajes que passei com você ontem fizeram abrir os meus olhos.

Danila Petrovitch estremeceu, empertigou-se e uma alegria límpida iluminou seu rosto, envelhecido em muitos anos em menos de um dia. Ele atraiu a filha e a beijou meigamente.

— Deus a abençoe, minha querida criança, por suas palavras. São estranhos e misteriosos os desígnios de Deus: através da ignomínia e ultraje, a verdade iluminou seu coração.

Feliz, Elena aproximou o banco e sentou-se aos pés do pai, segurando-lhe a mão e ouvindo com devoção a leitura das escritas sagradas, novamente reiniciadas depois de sua interrupção.

Assim, nessa paz, passou cerca de uma hora quando, de repente, no quarto irrompeu Ilya, anunciando que viera Anna Petrovna, querendo falar com o irmão. Mal terminara ele de fazer o anúncio, a porta abriu-se ruidosamente e no quarto entrou em passadas vacilantes – tão rápido quanto lhe permitiam os saltos altos – Anna Petrovna.

Estava visivelmente contrariada uma vez que o rosto, apesar do pó-de-arroz, era coberto de manchas vermelhas, enquanto os olhos cinza, desbotados, ardiam de ódio.

— Ah, foi bom encontrá-la, Lena. Eu...

Ela calou-se ao deter seu olhar de surpresa muda no irmão e subitamente rompeu numa sonora gargalhada.

— Sabe com que você está parecendo? Há-há-há! Um hematoma embaixo do olho, um galo na testa e barba pela metade cortada... Com quem você arrumou essa briga? Poderia pelo menos aparar a barba para não parecer um histrião.

— Oh, não! Essa barba é uma bela lembrança de como nos disseminam na Rússia as novas idéias e como veneram, à "nova moda", os cabelos grisalhos – devolveu o príncipe, sarcasticamente.

— Entendo. No caminho de volta do mosteiro você foi detido no posto fronteiriço e lhe cortaram as bainhas junto com a barba – observou em tom de desdém e mofa Anna Petrovna. –

Bem feito, quem manda ser turrão e ter idéias ultrapassadas. Mil vezes avisei-o disso e até pedi que você largasse todas essas tolices; agora as minhas palavras foram confirmadas. Será ainda pior, não demora. Vai levar-nos todos à desgraça.

Ela se virou com desprezo e dirigiu-se rispidamente a Elena.

Hoje de manhã recebi notícias incríveis. Você ousou devolver-me os presentes que lhe dei e despedir a pobre Suzette, cujos olhos ainda estão vermelhos de tanto chorar; ela não entende o que tinha feito para merecer seu descontentamento. O que significa isso, pode me dizer?

— Elena aproximou-se da tia.

— Isso significa – começou ela, olhando firmemente para a tia – que a minha cegueira acabou e, de hoje em diante, não vou me enfiar nesses enfeites estrangeiros curtos e nunca mais vou rastejar diante dos alemães. Eu compreendi, finalmente, como é ignominioso desprezar o que é nosso...

— Estou achando que você, menina, perdeu o tino – interrompeu-a irada Anna Petrovna. – Ser moderna, adotar as roupas e os costumes dos povos que nos são superiores em educação, você chama de "rastejar"? Você é uma idiota ingrata, já que não compreende a fortuna da liberdade, já que não dá valor às transformações dadivosas que propiciam a liberdade de sair de casa.

— Sim, abriram as nossas casas, mas para que tivéssemos mais liberdade, junto com os nossos pais, irmãos e maridos, defender, amar e venerar a terra pátria, e não para insultá-la e humilhar diante de qualquer forasteiro...

— Oh, oh, ela perdeu o juízo – interrompeu Anna Petrovna, agitando em desespero as mãos. – O que lhe fizeram no mosteiro, já que tudo está correndo tão bem e tanto na comunidade alemã como junto ao czar estão cuidando de seu casamento. O que dirá Dorfgame, quando souber que você está enlouquecida?

Ao ouvir o nome do barão, Elena ruborizou intensamente, seu cenho carregou-se e na voz ouviu-se um profundo desprezo.

— Jamais casarei com o barão. Ontem vi aquele atrevido sem-vergonha desmascarado. "Dê liberdade ao insolente e ele abusará da gente". – E você, que tanto o elogiou, dizendo que era um homem cortês, encantador, o mais digno que o mundo já vira. Pois ontem, enquanto os soldados maltratavam o meu pobre pai, esse seu "cavalheiro", saído não se sabe de onde, não me reconheceu, passou a mão em mim e até quis que eu o beijasse, e depois me arrancou o manto; quando então meu pai acudiu e afastou-o de mim, ele com seus amigos alemães partiram sobre ele e começaram a espancá-lo; o barão inclusive cuspiu-lhe no rosto. Peço-lhe nem mencionar sobre esse canalha. Eu o odeio e o desprezo com toda a minha alma. Antes tomar os hábitos que me casar com ele.

Vermelha de raiva e decepção, Anna Petrovna já ia começar uma preleção para a sobrinha rebelde, quando, de súbito, a porta escancarou-se e Artemy adentrou o quarto. Ele estava furioso, seu rosto incandescido, os lábios tremiam de ódio.

Como que sem notar a presença da tia e de Elena, ele correu para perto de Danila Petrovitch, que manteve silêncio durante a discussão da filha com a irmã.

— Você perdeu o juízo por completo, pai? – gritou rispidamente Artemy. – Acabei de saber que você ousou bater e machucar o barão Dorfgame e maltratou também *herr* Shuster e Müller... Eu acabo de sair da casa deles para pedir perdão... mas eles estão muito zangados e querem apresentar uma queixa...

Artemy parou para tomar fôlego; o ódio sufocava-o.

O príncipe soltou uma gargalhada seca em resposta.

— Não acredito: você foi lá para pedir perdão? E você acha que merecerá o respeito desses ignóbeis aventureiros que escarneceram de seu pai? Poupe esses cuidados! Eles mesmos vão desprezá-lo por isso.

— Não me censure ainda. Essa não é hora, quando a sua própria pele está em perigo. Sua resistência tola às sábias e úteis transformações prejudicou-o enormemente, enquanto sua incrível vulgaridade de ontem saiu das medidas e pôs tudo a perder. Nos dias de hoje, não se pode mais entregar-se aos costumes bárbaros de soltar os punhos nos maxilares de pessoas inocentes. Você deve, sem falta, ir à casa desses senhores e expressar pessoalmente um pedido de desculpas, se quer evitar desgostos mais amargos.

Danila Petrovitch novamente desfechou uma gargalhada seca de escárnio, o que aumentou ainda mais a fúria de Artemy.

— Apenas isso? Eu devo ir beijar-lhes as mãos e pedir perdão por não ter, tolamente, avaliado a honra que eles me deram por terem cuspido na minha cara e me brindado com chutes? Há-há-há! Fez bem, filhinho, por ter se desculpado por mim, porque eu não sou da laia de traidores que rastejam aos pés dos estrangeiros como você, que só consegue dar uma risadinha quando sua irmã é humilhada, quando lhe arrancam o véu e tentam beijá-la na rua como fez aquele cão sarnento alemão – Dorfgame. Já que você chegou a tal ponto de infâmia, não posso fazer nada; mas, como você se atreve, fedelho, exigir de seu pai, de cabelos brancos, que ele vá pedir perdão àqueles que o ultrajaram?

Danila Petrovitch endireitou-se e mediu o filho com olhar furioso.

— Ouviram como um filho "culto" fala com o pai? Há-há-há! Bem, basta dessa "cultura" nesta casa. Fora daqui e que os seus pés jamais cruzem o limiar da porta dessa casa! Eu o expulso e não quero vê-lo nunca mais.

Dessa vez foi Artemy que desfechou um riso de escárnio.

— Será? Não estará você muito apressado em expulsar-me da casa? Logo veremos quem será o dono daqui: você ou eu.

E ele mediu o pai com o olhar insolente.

O rosto então pálido de Danila Petrovitch enrubesceu e ele se pôs a tremer todo, como que febril.

— Cale-se, maldita criatura, vergonha da minha família! – urrou ele em voz irreconhecível.

Mas, ao notar um sorriso arrogante e provocador no rosto de Artemy, ele agarrou da mesa a taça e atirou-a no filho; o pesado objeto acertou Artemy na têmpora, o sangue jorrou e o jovem, sem soltar um grito, tombou inânime no chão.

Estabeleceu-se um silêncio mortal. Anna Petrovna e Elena estavam petrificadas de pavor. Instantes depois elas se lançaram até Artemy, que jazia imóvel, com olhos esbugalhados e vitrificados, o rosto coberto do sangue que afluíra da boca e nariz.

Aproximou-se Varnava e olhou para o corpo estendido.

— Está morto. É a mão de Deus – pronunciou ele majestoso, elevando os braços para cima – que atingiu o filho impuro que ousou ofender a cabeça venerada do seu pai, colocando-se ao lado de seus inimigos. Sua alma criminosa arderá no inferno até o terrível Juízo Final.

Elena trêmula e ajoelhada perto do irmão pôs-se a limpar o sangue de seu rosto; Anna Petrovna levantou-se com uma agilidade insuspeita.

— Assassino maldito! Infanticida! Monstro! Seu lugar é no pelourinho! – gritou ela, sacudindo os punhos e correndo fora do quarto.

Mas Danila Petrovitch parecia não a ouvir. Seu olhar fixara-se no corpo do filho; ele parecia petrificado, encostado à mesa, premendo a mão contra o peito e respirando com dificuldade. Nem ao menos se mexeu, quando um médico alemão, que vivia na vizinhança, chamado por Ilya, confirmou que Artemy estava morto.

Dominadas pelo pavor, Elena e a criada não ousaram se aproximar do príncipe; Varnava já tinha ido embora.

Finalmente, o príncipe voltou a si e com gemido surdo cobriu o rosto com as mãos.

— Ah, então é este o verdadeiro sentido das palavras de Prascóvia "Vejo sangue em você, e que sangue!" Que horror! O sangue do próprio filho, que eu matei... Oh, que triste sina! Por que não foi ele que acabou comigo?...

Danila Petrovitch desabou em pranto e todo o seu portentoso talhe tremia dos soluços. Depois de dar alguns passos, ele agarrou a gola da camisa.

— Ar... estou me sufocando! – balbuciou.

Seu rosto tornou-se vermelho e transfigurou em convulsão. Ele balouçou impotente as mãos, como que tentando se agarrar em algo e caiu no chão.

Elena soltou um grito e lançou-se para acudi-lo.

— Paizinho,... paizinho, não morra! – suplicava ela, louca de pavor, dor e desespero.

Os corpos do príncipe e de Artemy foram colocados nas camas dos respectivos aposentos; Danila Petrovitch recuperou os sentidos uma hora depois.

Ele rejeitou os cuidados do médico.

— Não preciso de um médico de corpo, mas de alma – disse ele. – As predições da venerada Prascóvia confirmaram-se com precisão e não verei mais a aurora de amanhã. Estou morrendo e a minha alma é onerada com um pecado hediondo, mas a punição de homens não me atingirá, já que a Rainha Celeste protege o servo pecador com o seu manto. Não chore Lénuchka! O que Deus faz é para o nosso próprio bem.

Algum tempo depois, veio o sacerdote da igreja vizinha – um ancião de cabelos brancos, amigo e pai espiritual da família havia longos anos. Ele confessou e comungou o príncipe, prometendo ficar à sua cabeceira para, alternando-se com Varnava, ler as sagradas escrituras e orar.

Sobreveio uma noite longa e angustiosa. A morte parecia abrir suas asas negras sobre a vítima do destino, e a presença da misteriosa e ameaçadora visitante oprimia os que lá se encontravam.

Branca e deprimida, Elena não abandonou o leito do pai, dando-lhe de beber e amparando-o durante os acessos de falta de ar; no fundo do quarto, Ilya e Matriona, juntamente com alguns servos, oravam genuflexos diante dos ícones e choravam amargamente.

De madrugada, Danila Petrovitch recuperou-se do esquecimento e mandou vir o diácono, ao qual ditou a última vontade.

— Para o caso de não serem os bens todos tomados pelo czar – disse ele, sorrindo com amargura.

Ele legou somas vultosas para os mosteiros, dava alforria a alguns servos e o resto do patrimônio passava para Elena.

Após assinar o testamento, ele ficou novamente fraco e entrou em sonolência; Elena, com o coração deprimido, auscultava a respiração pesada e esforçada do pai.

Ela fora tão dominada pela dor, que só notou a vinda de Gleb Mikhailovitch, quando este já estava a seu lado.

O jovem boiardo estava pálido e visivelmente perturbado. Ele se curvou sobre o enfermo e, em seguida, num sussurro nervoso, perguntou:

— O que aconteceu, Elena Danilovna? Custa-me acreditar no que dizem.

Elena, também sussurrando, narrou resumidamente tudo o que aconteceu na volta do mosteiro, descrevendo os pormenores da morte de Artemy; sua voz interrompeu-se e o choro abafou as palavras.

— E veja como ele está desde ontem – continuou ela, a custo dominando a perturbação. – Ora jaz inconsciente, ora parece reviver tudo que lhe aconteceu de horrível e humilhante junto ao posto e, depois, aqui com Artemy. E quando volta a si, a febre redobra e ele chora amargamente... O médico disse que ele não dura até amanhã... Oh, ficarei sozinha no mundo...

Ela cobriu o rosto com as mãos e, pondo-se de joelhos, recostou a cabeça na mão fria e imóvel do pai.

Uma pena profunda refletiu-se no rosto de Gleb e seus olhos anuviaram-se de lágrimas.

— Sim, meu padrinho infortunado! Foi uma provação dura que Deus lhe deu: suportar essas ofensas e os remorsos de ter matado o próprio filho...

Neste instante o enfermo se agitou e balbuciou perturbado:

— Deus, tenha piedade de mim, pecador...

Por seu corpo percorreu um tremor e ele abriu os olhos; quando ele viu Gleb, um sorriso triste fulgiu em seu rosto.

— Como estou feliz, meu filho, de vê-lo antes de morrer. Quem ia pensar, quando nós nos despedíamos na última vez, que você iria me ver moribundo, ultrajado e assassino. Não é verdade?

— Deus vê a nossa alma, padrinho, e julga diferentemente os homens. Não tenho dúvida de que junto ao altar do Todo-Poderoso você encontrará um julgamento justo, a misericórdia e o perdão – disse Gleb em tom convincente e suspirou profundo. – Venho para despedir-me. Caí em *opala*; estão me mandando para *vótchina*(61) longínqua, o que devo fazer inapelavelmente. Sou desnecessário aqui, tal como você; assim, tiram-me do caminho.

— Não se amargure com o desterro, Glébuchka! Acredite-me: é melhor viver na sua pátria, entre pessoas fiéis, do que aqui, a primeira vista – livre, mas, na essência – um lacaio. Lá, na *vótchina*, você será seu próprio dono e ninguém vai im-

---

(61) Propriedade rural herdada. (N.T.)

pedi-lo de respeitar os costumes antigos, pedir para ser escravo ou rastejar diante de toda a espécie de aventureiros: os Kannengiesser, os Chuster e outros canalhas forasteiros. Só Deus sabe o que está acontecendo, meu filho!..

Gleb Mikhailovitch abaixou a cabeça.

— É verdade, padrinho! Mas é tão horrível, quando se está sozinho.

Elena estava em pé ouvindo atentamente; seu lindo rosto ora enrubescia, ora empalidecia. Pelo visto, ela hesitava, mas finalmente estendeu a mão ao seu ex-noivo.

— Se você puder perdoar a minha cegueira e ainda me ama, não ficará sozinho no desterro. Segui-lo-ei a todos os lugares como uma esposa fiel, compartilhando as tristezas e alegrias. Meus olhos se abriram, não me entorpece mais a mixórdia estrangeira e juro que por toda a vida preservarei fielmente os preceitos do pai: amar apenas o que é nosso – russo, e não o estrangeiro.

Gleb ouviu atordoado e uma grande alegria tomou conta de seu ser; ele atraiu Elena a si e a beijou.

— Tudo está perdoado e esquecido, minha querida. Abençoe-nos, pai! Vê: Elena é sua verdadeira filha; ela jamais perdoará o insulto que lhe foi dirigido e a miragem estrangeira já não a ofuscará daqui para a frente.

Contra todas as expectativas, Danila Petrovitch ergueu-se sozinho e sentou-se no leito. Suas faces brancas coraram-se levemente e os olhos brilharam alegres.

— Uma enorme graça enviou-me o Criador Misericordioso, ao permitir que eu vivesse até este momento de felicidade, e saber que vocês estão unidos e que a minha filha não ficará sozinha e abandonada. Abençôo-os de toda a alma, meus filhos queridos. Que Deus os guarde e ajude por toda a vida!

Ele premeu-os ao peito, mas o último esforço enfraqueceu suas forças e ele deixou-se cair nos travesseiros.

— Paizinho! – gemeu Elena, abraçando o pai em desespero.

— Entenda, Lena – pronunciou com esforço Danila Petrovitch – a morte para mim é libertação.

Um minuto após ele sussurrou surdamente:

— Estão vindo... mas já é tarde...

Seu corpo estremeceu e retesou-se. Era o fim. A alma imortal adejava longe do pecaminoso sofrimento terreno.

Gleb cerrou os olhos do falecido e todos se puseram de joelhos; o sacerdote começou a recitar orações pela alma de quem passou deste mundo.

No quarto vizinho, ouviram-se neste instante passos pesados, o tilintar das armas e vozes altas. A porta abriu-se com estrondo e no quarto entrou um oficial, seguido por soldados. Nas mãos do oficial havia um papel e ele anunciou que tinha ordens de deter o príncipe Danila Petrovitch pelo assassinato do filho e espancamento do barão Dorfgame e *herr* Shuster.

Elena, postada junto à cabeceira do falecido, puxou a cortina do leito para melhor iluminar o corpo inânime, deu um passo à frente e, com voz embargada, disse:

— O príncipe Danila Petrovitch ordenou viver muito tempo e comparecer ao julgamento do Eterno.

Atônito com o anúncio, o oficial persignou-se respeitosamente e retirou-se em silêncio com os soldados: o poder dos homens nada mais podia fazer lá.

Expedindo as ordens necessárias sobre os dois sepultamentos, Gleb retornou à noiva que orava chorando, junto ao corpo do pai, e a levou à sala de estar.

Ele tentou confortá-la carinhosamente e, aos poucos, as palavras de consolo, assim como a necessidade de resolver questões inadiáveis sobre o noivado e a partida, trouxeram certa tranqüilidade à alma pesarosa de Elena.

O jovem boiardo tinha ordens de sair de Moscou o mais rápido possível, de modo que havia muita coisa para resolver.

Sentados junto da janela que dava para a rua, eles conversavam tranqüilamente sem dar atenção ao que se passava fora; por fim, o vozerio ruidoso e o bater dos pés da multidão em movimento foram notados por Elena.

— Deve ter acontecido algo – surpreendeu-se ela, olhando através da janela. – O povo está correndo.

Um sorriso amargo perpassou pelo rosto de Gleb.

— A antiga capital da terra russa está festejando o primeiro dia do ano 1700.

Os tiros de canhões, de rifles, e a música que estrondeou embaixo da janela abafaram suas palavras; um minuto depois, uma nova onda de multidão rolava ao lado com cantos e tiros.

— Ouça, Lena, como estão comemorando o Ano Novo e ao mesmo tempo cantam a prece derradeira da velha Rússia... Inicia-se a nova era de lacaios, o século do domínio estrangeiro...

Leia Rochester,

o fantástico mundo da literatura mediúnica!
Psicografia da médium russa Wera Krijanowskaia!

CONFISSÕES DE UM CONDENADO

OS MAGOS

A IRA DIVINA

A MORTE DO PLANETA

OS LEGISLADORES

AS DUAS ESFINGES

COBRA CAPELA

O LAÇO DA MORTE

Sucessos do Espírito Irmão Virgílio psicografados pelo médium Antonio Demarchi!

Além do Infinito Azul

Os jovens médicos Leonardo e Otávio são companheiros de longa data. Ao passar férias na fazenda do amigo, Leonardo descobre sua verdadeira missão na Terra e reencontra um velho amor do passado.

Crepúsculo de Outono

Dr. Augusto envolve-se em uma morte acidental. O instrutor Demétrius e Irmão Virgílio aproveitam o caso para fazer novos estudos sobre o aborto, a concepção de um bebê, o Carnaval e os laboratórios espirituais de reencarnação.

Mansão dos Jovens

Veja o cotidiano do pronto socorro chamado Mansão dos Jovens, na espiritualidade, e aprenda as lições do Instrutor Valérius...

A Vida Ensina

Nesta obra, Irmão Virgílio nos apresenta contos e histórias repletas de ensinamentos e elevadas mensagens, com bom humor e carinho. Uma leitura saudável e um entretenimento sadio para todas as horas.

Você já leu os livros da médium Vera Lúcia Marinzeck publicados pela Lúmen Editorial?

Em Missão de Socorro

(espíritos Guilherme, Leonor e José)

Acompanhe como são feitas as operações de resgate no Umbral e nas zonas inferiores através do depoimento de três espíritos especializados na tarefa socorrista.

Véu do Passado

Kim, garoto conhecido como "o menino das adivinhações", tem a vidência aflorada. Uma cena o acompanha: a da sua própria morte. Na espiritualidade, seus poderes e mistérios serão revelados...

O Rochedo dos Amantes

Uma estranha história de amor acontece num lugar de nome singular: Rochedo dos Amantes. Intrigas, mistério e disputa de grupos desencarnados estão presentes nesta obra com um final surpreendente.

Rosana, a Terceira Vítima Fatal

Suspense, morte e o reencontro de Rosana e Rafael, na espiritualidade, depois de uma série de crimes misteriosos ocorridos em uma pequena cidade do interior.

Escravo Bernardino

História que retrata, com fidelidade, o período da escravidão no Brasil, contado pelos personagens que viveram, na carne, o domínio dos senhores de engenho.

O Pedacinho do Céu Azul

(Espírito Rosângela) – *Infantil*

Livro que fala das brincadeiras, pensamentos e sonhos da garota Liliam, uma menina cega cujo maior desejo era conhecer o azul do céu infinito.

Leia estas obras psicografadas pelo médium

Eurípedes Kühl!

ALMAS EM CHAMAS

(Espírito Josué) Romance

Uma montadora de veículos multinacional, a H&H, passa a sofrer o assédio de um grupo de espíritos desencarnados. Suspense, tensão e ternura reunidos em uma obra atualíssima própria do cotidiano capitalista vivido nas grandes empresas.

JOGO – MERGULHO NO VULCÃO

(Espírito Claudinei) Romance

Lazer, diversão, sorte, azar ou vício? Descubra as respostas lendo a trajetória de Élcio, jogador inveterado, e as conseqüências espirituais de sua viagem pelo mundo dos cassinos.

ESCRAVOS DO OURO

(Espírito Van der Goehen)

Conheça o período do ciclo do ouro no Brasil-colônia e as aventuras do português Severo Cantilhão em busca de fortuna e poder em terras brasileiras.

Leia estes livros de Cid Paroni Filho... Eles vão modificar a sua vida e fazer você viver melhor!

Você é o Remédio

Nesta obra, Cid Paroni nos mostra quais as origens emocionais de algumas doenças e revela os segredos para alcançarmos a nossa própria cura.

A Magia da Linha do Tempo

Nesta obra, Cid Paroni nos ensina a trabalhar com sentimentos de perda como morte ou separação. Utilizando-se da Terapia da Linha do Tempo, um novo conceito de vida nos estimula a viver com mais alegria.

Eu e Deus
Uma verdadeira história de amor

Você quer ser feliz? Neste livro, Cid nos mostra que a felicidade é uma conquista nossa, através de nosso autoconhecimento e elevação de nossa auto-estima.

Impresso nas oficinas da
Gráfica Palas Athena